KB116803

상생
경영

상생경영

저자_ 상생협력연구회

1판 1쇄 인쇄_ 2006. 12. 20.
1판 2쇄 발행_ 2007. 1. 28.

발행처_ 김영사
발행인_ 박은주

등록번호_ 제406-2003-036호
등록일자_ 1979. 5. 17.

경기도 파주시 교하읍 문발리 출판단지 515-1 우편번호 413-756
마케팅부 031)955-3100, 편집부 031)955-3250, 팩시밀리 031)955-3111

값은 표지에 있습니다.
ISBN 89-349-2394-6 03320

독자의견 전화_ 031) 955-3104

홈페이지_ http://www.gimmyoung.com
이메일_ bestbook@gimmyoung.com

좋은 독자가 좋은 책을 만듭니다.
김영사는 독자 여러분의 의견에 항상 귀 기울이고 있습니다.

상생 경영

무한경쟁 시장의 새로운 비즈니스 패러다임

상생협력연구회 지음

MANAGEMENT

김영사

21세기 최고의 기업경쟁력은 '상생'

세계경제의 글로벌화, 정보화의 가속으로 대기업과 중소기업간 시너지 개발이 중요해지고 있으며, 대·중소기업간 협력, 가치사슬(value chain)간 협력을 통한 경쟁력 강화의 필요성이 커지고 있다. 경쟁의 개념이 개별기업 간 경쟁에서 시스템 간 경쟁, 기업 생태계 간 경쟁으로 변화하고 있으며, 믿을 수 있는 사이가 만들어내는 '사이'의 품질이 과거 어느 때보다 중요해지기 시작했다. 최고의 경쟁기법은 '협력'이라는 무한경쟁시대가 도래한 것이다.

그동안 상생협력에 대한 사회적 공감대가 확산되고 기술협력, 부품 공동개발 같은 모범사례가 나오고 실천방법이 구체화되는 성과도 있었다. 그러나 아직 우리 사회에서 사용되고 있는 상생협력이라는 용어는 이제 막 개념적 수준의 공감대 형성이 이루어진 정도에 불과하다. 따라서 향후 지속가능한 상생협력이 되기 위해서는 시장경제의 원리에 적합한 개념적 틀과 방법론을 가다듬고, 이를 기업의 경영현장에서 적용할 수 있도록 체계적인 방법론을 마련할 필요가 있다.

그동안 대기업과 중소기업의 협력 관계에서는 서로가 상대방에게 기대하는 것에 상당한 차이가 있었고, 이 차이를 해소하여 상생협력으로 나아갈 수 있는 큰 계기나 이론적 모형이 발전되지 못하였다. 그 결과 대·중소기업 상생협력 모델도 검증된 지식보다는 주로 경험이나 주장에 의존해왔다.

그러다보니 신뢰성과 정합성이 떨어져, 대기업과 중소기업, 학자들이 그 중요성을 인식하면서도 상생협력이 한국경제의 경쟁력을 향상시키는 새로운 물결이 되지 못하고 자칫 한때 유행하는 구호에 그칠 위험도 배제할 수 없다.

상생협력이 장기적 생명력을 갖고 시장에서 뿌리 내리기 위해서는 두 가지 '공감(共感)'이 필요하다. 전략적 유효성에 대한 공감과 방향성에 대한 공감이 바로 그것이다. 기업의 특성상 경쟁력에 도움이 된다는 확신이 없는 상태에서 투자는 이루어질 수 없고 확신이 있어도 투자방향이 잘못되면 그 실효성은 보장할 수 없다.

2006년 5월 대·중소기업 상생협력 회의에서 상생협력 발전모델이 제시된 바 있다. 이를 계기로 7월에는 학계, 연구계, 경제계 전문가들로 상생협력연구회가 구성되었고, 상생협력 이론들을 체계화한 경영서

발간을 계획하였다. 이를 위해 별도의 집필진이 구성되어 출간작업에 착수하였고 심도 있는 논의를 거듭해왔다. 국내외 저명한 경영학자 및 경제학자들을 초청하여 상생협력이 이론적으로 유효한지를 검증하고, 기업의 글로벌 성장전략으로의 발전가능성을 모색하는 상생협력 컨퍼런스도 개최하였다.

이 책은 그동안 기울여온 노력의 결실이라 할 수 있다. 이 책은 대·중소기업 상생협력이 궁극적으로 지향하는 바가 대기업이 일방적으로 베푸는 시혜적 차원에서의 협력업체 지원이 아니라 우리 기업의 글로벌경쟁력을 강화하고 산업전반에 활력을 불어넣는 새로운 패러다임이라는 인식에서 출발하고 있다.

이 책에서는 기업경쟁력을 제품개발product, 조립생산process, 공급사슬supply chain의 3차원적 동시공학 체계로 보고 있다. 이 중 공급사슬 경쟁력 강화의 필요성이 대·중소기업 협력의 이론적 배경이 된다. 공급사슬 경쟁력은 중소기업들의 부품경쟁력, 신뢰를 기반으로 한 연결경쟁력, 그리고 공급사슬의 지속적 혁신이라는 3요소로 이루어지고 있다. 이 점에서 중소기업의 역량개발 지원, 상호 신뢰 구축, 열린 기업 생태계 조성이 중요하며, 이 책은 이를 추구하기 위한 방안으로 역량 진화의 길, 신뢰 구축의 길, 열린 혁신의 길, 이 세 가지를 이론적·실증적으로 제시하고 있다.

역량 진화의 길에서는 부품경쟁력 확보를 위해 대기업이 취할 수 있는 두 가지 전략 즉, 권고-퇴출^{Voice-Exit} 전략 중 완제품시장의 경쟁이 심화될수록 부품업체의 핵심역량의 육성을 중시하는 권고^{Voice} 전략이 효율적인 경우가 많으며, 결국 제품개발과 조립을 담당하는 대기업의 경쟁력 제고에도 기여하게 된다는 점을 보여주고 있다.

신뢰 구축의 길에서는 대기업이 아무리 뛰어난 중소기업을 확보해도 상호신뢰가 형성되지 못하면 기회주의가 만연하여 기업 전체 경쟁력이 저하된다는 점에서 신뢰^{trust}를 강조하고 있다. 특히 공정하고 동등한 거래와 가치공유가 전제되지 않고는 진정한 상생관계가 형성되기 어려우며, 신뢰를 바탕으로 부품업체와 장기적 관계를 유지하는 기업이 연결의 정밀도를 높이고 기술개발과 원가절감을 동시에 달성할 수 있다는 점을 밝히고 있다.

열린 혁신의 길에서는 건강한 '기업 생태계'가 뒷받침될 때 기업이 글로벌경쟁력을 갖춘 초일류기업으로 성장할 수 있다는 점을 강조한다. 산업의 진화속도가 빨라지면서 혁신 프로세스에서도 대전환이 일어나고 있다. 끊임없는 시장변화에 대응할 능력을 키우며, 열린 혁신을 통한 중소기업들과의 협력과 연계관계의 형성, 기업 생태계 혁신을 위해 필요한 재원을 적극적으로 투입하겠다는 개방적 사고, 새로운 접근법으로 시장을 바라보는 눈이 필요하다는 것이다.

기업 간 폐쇄적 관점을 '독생(獨生)' 패러다임이라 한다면, 대 · 중소
기업간 상생협력 노력은 건강한 기업 생태계를 지향하는 '상생(相生)'
패러다임을 만들어내는 과정이라 할 것이다.

모쪼록 이 책이 우리 경제가 건강한 기업 생태계를 지향하는 '상생
(相生)' 패러다임으로 나아가는 데 첫 좌표가 되길 기대한다. '상생경
영'의 이론을 종합화 · 체계화한 첫 경영서적으로 출간한다는 점에서
적지 않은 의의가 있다고 할 것이다. 그러나 많은 아쉬움이 남는 것은
어쩔 수 없을 것 같다. 학계, 재계의 뜨거운 질책과 관심을 부탁드린다.
이 책을 계기로 우리 경영현장에서 '창조적 공존'의 길을 모색하는 움
직임이 활발히 일어나게 된다면 더할 나위 없는 보람일 것이다. 끝으로
책이 나오기까지 거듭되는 토론과 회의 그리고 재집필을 묵묵히 감내
한 집필진과 출판사 김영사 관계자분들께 감사드린다.

2006년 12월
상생협력연구회

'사이'가 만들어내는 차이

5억 3,000만 년의 생존 경쟁이 주는 교훈

지구상 생물체들의 생존 경쟁은 캄브리아Cambria기라고 부르는 5억 3,000만 년 전부터 시작되었다. 많은 생명체 집단들이 생존 경쟁을 통하여 명멸(明滅)해갔다. 이 과정에서 생존 기반basis for survival에 대한 의식 수준이 중요한 역할을 했다.

지구상에 혼자 살아갈 수 있는 생명체는 없다. 모든 생명체는 직접 또는 간접적으로 자기의 삶을 가능하게 해주는 다른 생명체들에게 의존해 살아가기 때문이다. 먹이사슬관계는 직접적 의존이며, 공생symbiosis 관계는 간접적 의존에 해당한다.

어느 특정 생명체 집단 A의 생존을 직접 혹은 간접적으로 가능하게 해주는 다른 생명체 집단 B가 있을 때, B를 A의 생존 기반basis for survival이라고 정의한다. 예를 들면 꿀과 꽃가루를 생산해 벌과 나비 등 곤충 집단의 먹이로 공급해주는 현화식물 집단은 곤충 집단의 생존 기반이라고 말할 수 있다.

한때 지구를 지배했던 공룡은 왜 멸종했을까? 공룡들은 큰 몸집을 유지하기 위해 하루에 1톤에 가까운 나뭇잎(숲)을 먹어치웠다고 한다. 숲이 황폐화되기 시작했지만 공룡들에게는 자기들의 생존 기반인 숲(먹이)의 '지속가능성sustainability'을 유지할 지혜가 없었다.

이에 반하여 공룡보다 훨씬 미약한 존재였던 곤충들은 자기들에게 꽃가루, 꿀 등 먹이를 공급하는 현화식물을 자기들의 '생존 기반'으로 인식하고 이들을 번성시키기 위해 가루받이(서비스)를 개발해 제공했다.

그 결과 현화식물은 번성해갔고, 따라서 곤충의 생존 기반 즉 먹이 세계가 풍성해지자 곤충들은 지구상에서 가장 번성한 종이 되었다.

인간 사회의 생존 기반

인류 역사를 보면, 강한 힘을 가진 집단이 (자신의 생존 기반이 되는) 약자 집단을 일방적으로 착취만 하다가 결국 생존 기반을 상실하고 자멸을 초래한 경우가 많다. 유럽의 전형적 절대군주였던 루이 14세(1638~1715)의 경우가 여기에 해당한다.

그는 국민을 국가의 생존 기반으로 인식하지 않았다. 오히려 '짐이 곧 국가다'라고 전횡을 부리면서, 국민을 자신의 세속적 욕구 충족을 위한 도구로 생각해 화려한 궁전(베르사이유 궁전)을 짓는 사업에 강제 동원했다.

이 사업은 완성하는 데 30년(완공은 약 50년)이나 걸렸고, 동원된 민

상생경영

중만 해도 매일 3만 6,000명에 달했다. 게다가 감당하기 어려운 공사 비용은 결국 왕실의 재정을 바닥나게 하여 훗날 민중 봉기, 즉 프랑스 혁명으로 이어져 왕조가 망하는 결정적 계기가 되었다.

　세종대왕은 루이 14세와 정반대 위치에 있다. 세종은 550여 년 전에 이미 백성을 정부(국가)의 생존 기반 즉, 오늘의 경영학적 용어인 '고객'으로 인식하고 생존 기반을 보호 발전시키기 위해 필요한 '제품·서비스'를 개발, 국민에게 무상으로 제공했다. 훈민정음 창제가 그것이다. 훈민정음 반포문에 나타나 있는 '내가 이것(글 없는 백성의 불편)을 딱하게 여겨서'라는 표현은 '나라의 생존 기반이 되는 국민의 어려움을 인식해서'라는 의미이다. 세종대왕(나)은 국민(너)을 국가의 생존 기반으로 인식해 '너 살고 나 살기' 모형을 실천, 그 시대를 찬란한 역사의 장(帳)으로 발전시킨 것이다.

　결국 인간 사회에서도 지속가능성^{sustainability}을 가지는 생존 양식은 '너 살고 나 살고' 모형뿐이라는 사실을 알 수 있다. 여기서 '너'는 '나'의 생존 기반을 지칭한다. 이런 생존 기반의 개념적 실체는 정치, 경제, 사회, 문화의 모든 영역에 두루 존재한다.

　기업 경영의 경우, 기업의 생존 기반으로는 소비자·고객 집단은 물론, 하청 및 협력업체 집단이 있고 더 나아가 노동자 집단도 기업의 생존 기반인 셈이다.

　자기의 생존 기반을 제대로 인식하고 그것을 보호 육성하기 위하여 노력을 경주한 조직 혹은 집단은 성장 발전했고, 그렇지 못한 조직들은 쇠퇴 소멸했다는 것이 인류 역사의 교훈이기도 하다. 다시 말하면, 생존 기반에 대한 인식 수준의 성숙도(成熟度) 여하, 그리고 그 생존 기반을 보호 육성하기 위해서 쏟은 노력 여하가 그 집단의 흥망성쇠를 결정하는 변수가 된다.

　이러한 '너도 살고 나도 사는' 상생을 실천하기 위한 '주고받음'의 이상적인 모형은 양봉원과 과수원 사이에서 찾아볼 수 있다. 양봉원의 벌들은 과수원을 찾아가 꿀을 따오고, 과수원 나무들은 벌이 해주는 가루받이로 열매를 맺는다. 이렇게 양봉원과 과수원은 서로 필요로 하는 것을 주고받으면서 '너 살고 나 살고' 식 주고받음을 지속한다.

　그러나 이렇게 완벽한 자연 생태계적 모델을 인간 사회에서 구현하는 일은 쉽지 않다. 상대방이 좋아하고 원하는 실체real being가 무엇인지 알아야 하기 때문이다.

　고객이 원하지도 않는 것을 주거나 이미 과잉으로 가지고 있는 것을 공급한다면 그것은 자원과 노력의 낭비에 그치고 만다. 따라서 '너 살고 나 사는' 주고받음을 실천하기 위한 첫 필요조건은 상대방 즉 고객의 필요와 기호를 인식하는 능력이다. 이 책에서는 그런 능력을 감수성sensitivity이라고 정의하자.

　이렇게 정의된 감수성은 국가(정부)와 국민, 기업과 소비자, 원청 대기업과 하청 중소기업, 기업과 노동조합, 더 나아가 가정에서는 남편과 부인 사이 등 모든 생존 기반 사이에서 상생을 유지하기 위한 보편적 필요조건이 된다.

　주고받는 것: 가치(Value)

　'주고받음'을 사회적 삶의 기본이라고 인정하면, '줄 수 있어야 살 수 있다'는 명제가 탄생한다. 그리고 다음 과제로서 상대방에게 구체적으로 무엇을 주어야 하느냐의 문제가 제기된다.

원청 대기업과 하청 중소기업 사이의 '주고받음'이 순조롭게 이루어지기 위해서는 다음과 같은 필요조건이 만족되어야 한다. 즉 '주는 자' the giver(예, 부품·원료 등을 공급하는 하청업체)가 납품하는 제품·서비스(즉 부품·원료 등)에 대하여 '받는 자' the receiver(예, 최종 완성 제품의 생산자)가 만족satisfaction을 느껴야 한다.

일반적으로 '받는 자'는 납품받은 제품 혹은 서비스의 가치V: value가 지불해야 하는 가격P: price보다 크다고 느낄 경우에만 만족한다. 이와 관련하여 가격(P)은 보통 수치로 표현되어 존재하지만 가치(V)는 정확한 수치로 표현되기 어렵다. 그러나 수치화가 어렵다고 그것이 존재하지 않는 것은 아니다. 인간은 비록 수치적으로는 표현하지 못하더라도 가치(V)의 크고 작음을 분명히 느끼고 있고, 따라서 가격보다 가치가 커야 한다는 것은 유클리드기하학Euclidean geometry의 공리(公理)처럼 자명하다고 할 수 있다.

하청 중소기업의 입장을 살펴보자. 이들이 제품 혹은 서비스를 생산하여 납품하려면 코스트C: cost가 소요된다. 따라서 중소기업이 원청 대기업으로부터 납품의 대가(代價)로 받는 가격(P)이 코스트(C)보다 더 커야 이들도 살아갈 수 있다. 즉 가치는 가격보다 높아야 하고, 가격은 코스트보다 높아야 주고받음의 방정식이 성립할 수 있다. 이러한 주고받음의 방정식은 제품 혹은 서비스의 공급자와 수요자 모두의 생존을 가능하게 하는 필요조건이므로 이것을 '생존 방정식'이라고 부를 수 있다.

원청 대기업과 하청 중소기업간의 거래에서 항상 이러한 '주고받음 방정식'으로 이루어진다면 즉 '너 살고, 나 살고' 모형이 경제에서도 실현되었다고 할 수 있다. 만약 원청 대기업이 하청 중소기업으로부터 납품받은 제품 혹은 서비스로부터 느껴지는 가치가 가격보다 낮다면 잉여가치가 마이너스(-)가 되어 원청 대기업은 하청 중소기업을 업신여기고 납품 가격을 깎으려 하거나 다른 중소기업으로 대체하려고 할 것이다.

반대로 하청 중소기업이 납품하는 제품·서비스의 품질이 타의 추종을 불허할 만큼 우월하다면 그 중소기업은 원청 대기업에 대해 정정당당한 자세를 유지하면서 정당한 가격을 요구할 수 있을 것이다.

무한경쟁 속에서는 잉여가치를 주고받는 거래만이 살아남을 수 있다. 등호(=)의 시대가 아니고 부등호의 시대가 된 것이다. 생존 부등식은 (제품 혹은 서비스에 대해서뿐만 아니라) 개인 하나하나의 인생살이에도 적용된다.

어느 직장에 취직해 있는 개인은 노동^{labor}이라는 서비스를 직장에 '주고(제공하고)', 그 직장으로부터 봉급이라는 반대급부를 '받는다.' 이때 직장은 이 개인을 고용할 '가치(V)'가 봉급보다 크다고 느껴야 그를 계속 고용할 것이고, 이 개인은 그가 받는 봉급(가격, P)이 그의 생계비(코스트, C)보다 커야 살아갈 수 있다.

결론을 정리해보자.

인간이 사회생활을 한다는 것은 자기와 직접 혹은 간접적으로 얽히는 여러 '생존 기반'과 '주고받음'의 관계를 유지한다는 의미이다. 이 '주고받음'이 장기적이고 안정적으로 유지되려면 서로 상대방에게 잉여가치를 줄 수 있도록 노력해야 한다. 잉여가치가 영^{zero}이 되는 '주고받음'은 언제 소멸할지 모르는 불완전한 상생이다.

'사이'가 만들어내는 경쟁력

20세기 후반부터 정보화 시대, WTO 체제에 의한 글로벌 경영 시대가 다가옴에 따라, 믿을 수 있는 '사이in-between'가 만들어내는 경쟁력이 과거 어느 때보다 중요해지기 시작했다. 예를 들면, 자동차 조립업체와 여기에 부품을 납품하는 하청업체 '사이'가 어떤 관계냐, 즉 상호신뢰 속에 기술 및 원가 데이터를 공유하면서 공동 연구로 서로의 경쟁력을 높이는 '사이'냐. 아니면 조립업체가 하청기업을 힘으로 위협, 납품 가격 인하만 강요하는 '사이'냐에 따라 경쟁력에 큰 차이가 벌어진다는 것이다.

그래서 존 고스만John Gossman 같은 사람은 21세기 자동차 시장은 완성차 업체 대(vs) 완성차 업체의 경쟁이 아니라, 이들이 가지고 있는 공급사슬supply-chain 대(vs) 공급사슬의 경쟁이 된다고 말했다.

이처럼 '사이의 품질' 즉 사회적 활동을 하는 어느 주체와 다른 주체 사이의 관계의 품질 여하가 경쟁력을 높일 수 있는 능력을 가지게 되면서, 경제학자들은 이 능력을 사회적 자본social capital이라고 부르게 되었다.

물리학에서 양성자와 중성자가 중간자meson라는 매개체를 통해 우주 속에서 가장 강력한 결합체를 형성하듯이, 인간과 인간 사이에도 무엇인가 매개 역할을 하는 어떤 실체가 있어야 결합 에너지가 생성될 것이다.

2000년 브라질 쿠리티바Curitiba에서 열린 세계 경영경제학회에서 학자들은 열띤 논의 끝에 신뢰성trust, 원칙성integrity, 단결성solidarity, 개방성openness 등 네 가지 사회적 자본의 구성 요소를 제시했다.

신뢰성이란 약속promise(암묵적인 사회규범 및 국가 간 조약 포함)을 지킬 수 있는 의지 및 능력을 의미한다. 신뢰는 약속이라는 이름의 그릇에 담겨서 존재한다. 그릇은 깨어질 수 있고, 깨어진 후에는 동여매거나 접착제로 붙여서 다시 쓸 수는 있다. 그러나 깨어진 금crack은 영원히 지워지지 않는다. 인간은 용서할 수는 있어도 잊을 수는 없는 정서적 존재이기 때문이다. 따라서 지킬 수 없는 약속은 아예 하지를 말든지, 약속을 했으면 모든 손실을 무릅쓰고 지켜야 한다.

춘추전국 시대, BC 681년, 제(齊)나라가 노(魯)나라와 싸워 이긴 후, 노의 땅 수(遂)를 할양받는 강화의식을 치르기 위해 제 환공(桓公)이 단에 올라앉았다. 이때 노의 장군 조말(曹沫)이 쏜살같이 단 위로 뛰어올라가 환공의 목에 비수를 들이대며, "수를 빼앗기면 노는 굶어 죽는다. 수를 빼앗지 않겠다고 약속해다오"하고 요구했다. 환공은 약속할 수밖에 없었고, 목적을 이룬 조말은 단에서 내려왔다.

환공은 참모 관중(管仲)을 불러 조말을 잡아들이고 협박에 의한 약속은 무효임을 선언하려고 했다. 그러나 관중은 "그렇게 하면 작은 것을 얻는 대신 큰 것을 잃게 됩니다. 비록 협박에 의한 약속이라도 그것을 지키면 환공은 여러 제후들의 신뢰를 얻게 되고, 신뢰를 얻으면 천하를 얻게 됩니다"라고 말했다. 관중의 조언에 따라 환공은 조말과의 약속을 지키기로 했다.

그 후 2년의 세월이 흘러 남쪽 양자강 유역에서 강성해진 초나라가 북진해 올라왔다. 초의 북진에 겁을 먹은 북의 제후들은 견(甄)에서 회동했으니, 이것이 BC 679년 '견의 맹회'이다. 제후들은 억울한 약속마저 지킨 환공을 신뢰하여 그를 중심으로 뭉쳤고, 이로써 환공은 춘추시대 5대 실력자(春秋五覇)의 첫 인물이 되었다.

이 사례는 두 가지 진리를 드러낸다. 하나는 신뢰에도 투자가 필요하다는 점이고, 둘째는 신뢰를 위한 투자는 단기적으로는 코스트처럼 느껴지지만, 장기적으로는 경쟁력이 될 수 있다는 사실이다.

정치나 기업의 경영, 개인의 인생 모두가 장기적 결실을 요하는 문제들이고, 신뢰를 파기하면서 당장에 얻을 수 있는 (단기적) 이득보다는 신뢰를 축적해 장기적으로 얻을 수 있는 가치가 더 크다는 의미이다.

사회적 자본의 제2요소인 원칙성integrity에 관해 살펴보자. 원칙성은 원리 원칙principle을 준수하려는 의지 혹은 능력을 의미한다.

1979년까지 한국의 식품 회사들은 미국에서 우지(牛脂)를 수입하여 라면 등 식품을 만들고 있었다. 그러다가 이 우지가 미국에서는 공업용으로 분류되어 있다는 사실을 알게 되었다. 세계보건기구(WHO) 기준 식용 분류 우지는 생산량이 부족해 수입할 수도 없었고, (공업용 우지도 그대로 사용하는 것이 아니라) 정제하여 공정에 투입하기 때문에 별 문제가 없다는 것이 당시의 상식이었다. 그러나 "식품 제조 원칙상 공업용으로 분류된 것을 어떻게 계속 사용하겠나?"고 하면서 어느 회사는 당시 톤ton당 84달러의 원가 상승을 감수하면서 우지를 식물성 기름으로 교체했다.

그 후 세월이 10년 흘러 1989년 11월, 공업용 우지를 식품 제조에 사용한다는 비난이 언론을 통해 폭발하면서 소위 '우지 파동'이 일어났고, 식품 제조의 기본 원칙을 준수하고 사회적 자본integrity을 축적한 이 회사는 지금 한국에서 시장 점유율 70% 이상을 유지하면서 가장 존경받는 회사 중 하나로 성장했다.

사회적 자본의 세 번째 요소인 단결성solidarity이란 공동체 전체의 대리(大利)를 위해 구성 단위 각자의 소리(小利)를 희생 혹은 양보할 수 있는 정신적·도덕적 능력을 의미한다. 공동체 전체의 관점에서 볼 때 최선의 의사결정^{optimal decision}이 공동체 구성원 모두의 입장에서 최선일 수는 없다.

따라서 공동체, 예컨대 원청 대기업과 하청 중소기업으로 구성된 공동체를 발전시키기 위해서는 공동체 속의 누군가가 어느 정도 양보 또는 희생을 감수해야 하는 경우가 있다. 이때 희생할 의지^{will}가 있는 자를 '희생적 소수^{self-sacrificing minority}'라고 부른다. 희생적 소수가 나타나지 않는 사회는 발전이 뒤질 수밖에 없을 것이므로 희생적 소수의 개념은 토인비 역사 철학에 나오는 창조적 소수^{creative minority} 개념 못지않게 사회 발전을 위해 필요한 존재일 것이다.

사회적 자본의 네 번째 요소인 개방성^{openness}이란 조직의 의사결정 과정^{decision-making process}이나 회계 자료 같은 정보의 투명한 공개를 의미한다. 이것은 폐쇄성의 반대 개념으로서 인사관리 분야에서는 혈연, 학연, 혹은 지역적 편견을 초월하는 인사 관행도 포함된다.

대기업과 중소기업의 상생을 논하는 차원에서는 개방성은 더욱 중요한 요소가 된다. 대기업이 생산하는 완제품에 들어갈 주요 부품의 설계 및 제조 과정에서 대기업과 납품 중소기업이, 한 책상에 모여서, 품질, 기술 및 원가 관련 데이터를 서로 믿고 공유^{open to each other} 함으로서 제품 및 부품의 품질 및 가격 경쟁력을 높일 수 있기 때문이다.

사회적 자본의 이러한 요소들은 역사와 조직 문화 속에 오랜 기간 축적되어 온 결과이기 때문에 하루아침에 형성되기 어렵지만, 그렇다고 자연 상태에 방임할 수도 없다. 사회적 자본의 축적은 단기적으로는 코스트를 부담해야 하지만 장기적으로는 경쟁력이 되는 투자라는 경영 철학이 중요하다.

물적 자본^{physical capital}과 인적 자본^{human capital} 시대에 이어, 이제 제3세대 자본 개념인 사회적 자본의 시대가 도래했다. 모든 자본의 축적 과정이 그렇듯 사회적 자본도 초기 축적에는 코스트가 들어가고 고통도 따른다. 그러나 이런 어려움을 딛고 계속 축적해가면 머지않아 그것이 막강한 경쟁력이 되어 돌아온다는 사실을 인식할 필요가 있다.

일본 도요타 자동차는 제품 개발의 컨셉트 단계에서부터
부품업체들과 협력하는 시스템을 갖고 있다.
중소기업과의 협력을 통해 연평균 1,000억 엔 이상의 원가절감 효과를 달성했고,
공동 작업을 통한 개발공정 효율화로
원가절감의 80% 이상을 설계 개선에서 달성하고 있다.
더욱 놀라운 것은, 협력업체들이 도요타의 연구 개발 철학까지
공유하고 있다는 점이다. 그 결과 도요타 협력사들의 공동 특허 건수는
지금까지 1,500여 건에 달한다.

相生經營

한국 호랑이는 왜 멸종했을까?

이제는 안경을 바꿀 때

상 생 경 영

1

한국 호랑이는 왜 멸종했을까?

01

먹이사슬을 건강하게 사수하라

한국산(産) 호랑이는 멸종된 상태다. 호랑이는 흔히 숲 속의 왕이라고 불리는데 왜 멸종했을까? 답은 간단하다. 숲이 사라졌기 때문이다. 일제 시대, 마구잡이 벌목에 따라 산림이 급속히 황폐화되다 보니 토끼와 사슴이 사라지면서 생태계 먹이사슬이 끊어졌다. 결국 숲 속 먹이사슬의 정점에 있던 호랑이는 멸종하고 말았다.

지금 이 순간에도 수십 종이 멸종하고 있다. 생태학자들에 따르면 그 멸종의 원인이 종 자체의 경쟁력의 문제라기보다는 먹이사슬의 고리가 끊어졌기 때문이라고 한다.

언젠가 일본 자동차 전문가에게 일본에 자동차 메이커가 몇 개 있느냐고 질문을 한 적이 있다. 이에 대해 엉뚱한 대답이 돌아왔다. 일본에 자동차 메이커가 하나도 없다는 것이다. 그러면 도요타나 닛산은 뭐냐고 다시 물었더니 그들은 자동차 메이커가 아니라 자동차 조립업체라는 답변이 돌아왔다.

소비자들에게 전달되는 하나의 제품도 가까이 가보면 수많은 부품소재 기업이 함께 만들어낸 시스템 제품이다. 따라서 오늘날의 경쟁은 개별 기업 간 경쟁이 아니라 기업으로 연결된 기업 생태계 간의 경쟁이라 할 수 있다.

호랑이의 멸종이 호랑이 자신의 경쟁력 저하가 아닌, 먹이사슬 파괴에 따른 결과였다면 이는 기업 생태계에서도 다를 바 없다. 아무리 빠르고 강한 기업이라도 핵심 부품에 문제가 생기면 치명적인 피해를 입을 수 있다. 또한 특정 기업에 문제가 발생하면 이는 그 기업만의 문제에서 그치지 않는다. 연결되어 있는 기업 생태계에 연쇄적으로 영향을 미치는 것이다.

생물학에서 어느 특정 생명체 집단 A의 생존을 직접 혹은 간접적으로 가능하게 해주는 다른 생명체 집단 B가 있을 때, B를 A의 생존 기반basis for survival이라 한다. 가령 꿀과 꽃가루를 생산해 벌과 나비 등 곤충 집단에 먹이를 공급해주는 현화식물 집단은 곤충 집단의 생존 기반이라 할 수 있다.

한때 지구를 지배했던 공룡이 사라진 이유 또한 이러한 생존 기반을 살리지 않고 '너 죽고 나 살자' 식의 경쟁적 태도를 가졌기 때문이다. 공룡에게는 생존 기반이 되는 숲(먹이)의 지속가능성을 유지할 만한 지혜가 없었다. 사회가 성숙할수록 상대를 배려하는 조직 또는 개인이 지속적으로 번성하는 경우는 얼마든지 찾을 수 있다. 창조적 공존의 지혜가 필요한 것이다.

21세기 경제에서 시장 전반에 활력을 불어넣는 길은 문제가 발생한 기업 생태계에서 희미해져가는 부가가치사슬의 고리를 회복해 건강하고 튼튼한 협력 구조를 만드는 것이다.

　대기업은 지속가능한 생존 기반을 확보하는 차원에서 가치사슬의 회복을 통해 기업 생태계를 복원하기 위해 부품 중소기업을 지원하고 육성해야 한다.

　이제 세계경제대전은 기업 생태계 간의 싸움으로 발전하고 있기 때문이다.

산업에서 기업 생태계로

　흔히 기업의 집단으로서 산업이라고 하면 영국의 경제학자 클라크^{C. G. Clarke}의 분류법에 의한 1차 산업, 2차 산업, 3차 산업을 떠올리는데, 이는 단지 공급자 관점에서 분류된 것이다. 시장이나 소비자의 관점에서 분류해보면 최종 조립 제품을 중심으로 기업은 가치사슬의 네트워크 형태인 기업 생태계로 연결되어 있다.

　무어^{J. F. Moore}는 그의 저서 『경쟁의 종말[1]』에서 기업을 둘러싼 환경은 생물학적 생태계처럼 유기적 결합체이기 때문에 기업은 환경 변화에 맞춰 끊임없이 스스로를 변화시켜야 하며, 기업 생태계 내부의 진화를 위해서는 공동체로서의 동일한 비전^{vision}과 목표를 공유하고, 교육 훈련을 통한 경험의 확대 재생산이 가장 중요하다고 주장했다.

　또한 무어는 하와이의 생태계와, 남미-북미를 잇는 코스타리카의 생태계를 비교했다. 지역적 특성상 코스타리카 생태계는 치열한 경쟁 상태에 있었고 섬으로 고립된 하와이 생태계는 생태 간 경쟁이 미미했다. 결과적으로 코스타리카 생태계가 뛰어난 경쟁력을 갖고 있다는 것을 알 수 있었다.

이것을 경제 환경에 적용해 무어는 앞으로 경제계는 개별 기업 간 경쟁에서 시스템 간 경쟁으로, 다시 기업 생태계 간 경쟁으로 변화할 것을 예견했다.

하나의 시스템 상품은 가치 활동의 단위들이 사슬로 연결된 기업 생태계의 성과로 간주된다[2]. 아울러 여러 기업이 가치사슬 구조로 유기적으로 얽히면서 산업 간 업종 간 경계가 흐려지고 있다. 그래서 기업 세계는 생태 체계eco-business system로 불리고 있으며, 이러한 관점에서 미래 사회는 동식물들이 하나의 집단을 이뤄 진화하는 생태계처럼 산업 대신 기업 생태계라는 개념이 확산되고 있다.

기업 생태계는 기업 발전을 생물학적 진화 개념으로 설명할 수 있다. 생물학에서 대부분의 경우 생물 종(種)들은 스스로의 생존 능력이 부족해 멸종하는 경우보다는 먹이사슬의 고리가 끊어져 멸종한다고 한다. 자연과학의 세계에서 상호의존적인 종들은 호혜적인 과정을 거듭하면서 함께 진화해왔다. 늑대는 약한 사슴들을 잡아먹고, 사슴은 먹히지 않으려면 더욱 강해져야 하며, 사슴이 강해진 만큼 늑대도 강해져야 한다.

기업 생태계는 공급자, 유통회사, 경쟁자, 소비자들이 상호작용하고 있는 곳이다. 이렇게 치밀하게 연결된 네트워킹적 사슬 구조 속에서 기업은 경쟁과 협력, 소멸과 탄생, 진화와 쇠퇴를 거듭하고 있다. 어떤 기업도 고독한 섬이 아니며, 공급사슬선상에서 다양한 기업이 효율적으로 상호결합되어 움직이고 있을 뿐이다.

각 기업은 최종 소비자의 욕구 충족을 위해 시스템 통합을 전제로 한 공급사슬에 의해 연결되며, 이러한 연결 구조 속에서 여러 기업이 하나

그림1-1 경쟁 개념의 변화와 기업 생태계

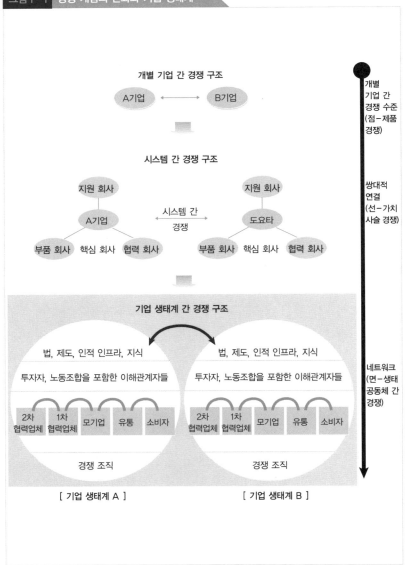

개별 기업 간 경쟁 구조

A기업 ◄──► B기업

개별 기업 간 경쟁 수준 (점-제품 경쟁)

시스템 간 경쟁 구조

지원 회사 | 지원 회사

A기업 ◄─ 시스템 간 경쟁 ─► 도요타

부품 회사 핵심 회사 협력 회사 | 부품 회사 핵심 회사 협력 회사

쌍대적 연결 (선-가치 사슬 경쟁)

기업 생태계 간 경쟁 구조

법, 제도, 인적 인프라, 지식

투자자, 노동조합을 포함한 이해관계자들

2차 협력업체 1차 협력업체 모기업 유통 소비자

경쟁 조직

법, 제도, 인적 인프라, 지식

투자자, 노동조합을 포함한 이해관계자들

2차 협력업체 1차 협력업체 모기업 유통 소비자

경쟁 조직

네트워크 (면-생태 공동체 간 경쟁)

[기업 생태계 A]   [기업 생태계 B]

의 확장된 기업 생태계로 존재하게 된다. 디지털이 산업 전반의 기초가 되고 있는 21세기에는 더 이상 독불장군, 원맨쇼의 시대가 아니라는 것이다.

02
21세기 경제대전은 기업 생태계 간 경쟁

2000년도 이후 중국은 한국 기업의 수요자로 커다란 시장이 되었다. 중국의 급성장은 우리 기업에게 커다란 성장의 기회로 작용했다. 중국에서는 삼성 · LG 전자의 휴대폰과 현대 · 기아 자동차의 소나타와 엘란트라가 인기리에 판매되고 있다. 특히 지난해 GM상해가 판매한 승용차 전체 27만 대 가운데 가장 많이 판매되었던 모델은 '엑셀르' (23만 대)였는데, 사실 이 모델은 GM대우의 '라세티'를 녹다운 방식^{knockdown system3)}으로 수출해 판매한 것이다.

최종제품시장뿐만 아니다. 중국 기업이 제품을 생산하기 위해 생산장비나 설비의 수입을 늘리면서 관련 한국 기업에게 새로운 수요를 창출해주고 있다.

그 결과 지난 5년간 우리의 대중국 무역수지 흑자 규모는 2002년 64억 달러에서 매년 크게 늘어나 2003년 132억 달러, 2004년 202억 달러, 2005년 233억 달러로 급신장하고 있는 추세다. 2006년도의 경우 대중국 무역수지 흑자 규모는 1월에서 7월까지만 따져보아도 121억 7,000만 달러를 기록해 대미 흑자 규모 79억 달러를 앞서 최대 흑자를 기록했다.

중국 시장을 어떻게 볼 것인가?

많은 한국 기업이 '더 이상 중국 때문에 못해먹겠다'고 아우성이다. 한국에서 제품을 수입하고, 한국 기업에 저렴한 노동력을 제공해주던 중국은 우리나라 제품의 수요자에서 경쟁자로 탈바꿈하고 있다. 저비용, 저임금의 산업 구조로 우리나라 인력 중심의 제품부터 모방하던 중국이 기술 중심의 산업에 눈을 돌려 기술 혁신에 박차를 가하고 있는 것이다.

그동안 해외 자본 합작 기업이 주도해온 전자, 자동차, 조선 등의 시장에서 중국의 민족계 기업이 발빠른 걸음을 보이고 있다. 이들은 이미 중국내 시장 점유율에서 외국 기업과 선두 경쟁을 벌이고 있다. 자동차만 해도 지리Geely (吉利) 자동차와 치루이Cherry (奇瑞) 자동차가 민족계 기업의 쌍두마차를 형성하고 있다. 모방에서 시작한 이 두 회사는 고유 모델 개발에 박차를 가하고 있다.

치루이 자동차는 지난 2003년 GM대우 '마티즈'의 모방품인 'QQ'라는 이름의 자동차를 출시했다. 지리 자동차도 비슷한 시기에 도요타의 '카롤라2'와 바디 스타일이 동일한 '메이리Meiri'라는 모델을 내놓았다.

이렇게 모방해 만든 중국산 자동차는 한국이나 일본에서 생산한 자동차에 비해 원가가 훨씬 저렴해 중국에서 커다란 인기를 끌었다. 중국의 자동차 회사들은 이렇게 모방으로 시작했으나 최근 들어서는 점차 기술 혁신에 전력을 기울이고 있다. 치루이 자동차의 QQ는 점차 진화해 2006년도에는 'S16'이라는 고유 모델 컨셉트로 발전했다.

중국 때문에 더 이상 사업을 못하겠다는 우리 기업의 한숨 섞인 목소리가 점점 커지고 있다. 조만간 대중 무역수지 흑자 폭이 급격히 감소하고 말 것이라는 경고의 소리가 점차 높아지는 상황이다.

21세기 경제대전에서의 생존 전략, 상생협력

그렇다면 한국 경제 성장의 원동력을 어디에서 찾아야 하는 것일까? 바로 중국이 한국 기업의 공급자가 아니라, 우리 기업의 수요자로 계속 남아 있도록 하는 것이다. 중국 경제 위협의 핵심은 중국이 더 이상 한국의 시장이 아니라 한국 시장의 공급자 역할을 하려고 시도하는 데 있다.

비슷한 과정을 거쳐온 일본과 한국의 관계를 살펴보면 더욱 확실해진다. 우리보다 앞서 유사한 경험을 한 일본의 경험을 이제 한국의 미래 성장 동력으로 활용하는 방법을 검토해보자.

일본 경제의 지속적 성장의 힘은 '한국을 공급자가 아닌 수요자(시장)로 묶어놓고 있다'는 데 있다. 일본 경제 성장의 이면에는 한국 기업이 계속 성장하고 있음에도 불구하고, 일본 기업이 한국 기업을 앞서 끊임없이 새로운 기술을 개발해내고 있다는 사실이 숨겨져 있다. 결국 핵심은 기술이다.

그 결과 우리의 대일 무역 적자는 수십 년 동안 지속되고 있다. 지난 5년간 우리의 대일본 무역수지 적자 폭은 2001년 101억 달러에서 매년 크게 늘어나 2002년 147억 달러, 2003년 190억 달러, 2004년 244억 달러로 급증하는 추세다.

지난해 대일본 무역수지 적자 244억 달러 중 160억 달러가 부품 소재 분야에서 나타났다.

급속한 기술 발전과 기술의 융복합화로 대기업 혼자서 모든 것을 다 하기에는 한계가 있다. 예컨대, 가전업체들은 1990년대에 이미 HDTV 기술을 완벽하게 확보했지만, 핵심 부품의 기술 부족으로 제품을 제때에 시장에 내놓는 데에는 실패하고 말았다[4]. 삼성전자가 비디오 특허를 개발했다고 발표한 직후 일본에서 부품 공급을 중단해 비디오 상용화가 중단되었던 적도 있다. 이는 일본의 부품·소재 기업이 자신들만의 고유한 기술을 통해 기술 독점, 품질 독점 체제를 구축하고 고부가가치화를 달성하고 있기에 가능한 일이다.

이처럼 대기업이 혁신적 기술 제품을 개발했음에도 불구하고 대기업의 혁신을 지원하는 중소기업의 첨단 기술 공급이 이루어지지 않으면 결국 성과로 연결될 수 없다.

이제 새로운 과제가 주어졌다. 중국을 한국의 공급자가 아닌, 시장으로 묶어놓아야 하고, 일본을 한국의 공급자에서 시장으로 바꾸어가야 한다. 이를 위해서는 한국의 대·중소기업 간 가치사슬의 연계를 '저비용 고리'의 연계 구조에서 '고기술 고리'의 연계 구조로 업그레이드해야 하며, 제품 개발 및 조립을 담당하는 대기업뿐만 아니라 중소기업이 높은 기술 수준을 바탕으로 고품질의 부품·소재를 생산할 수 있도록 상생협력함으로써 고기술 고리 기업 생태계 경쟁력을 높여야 한다.

세계 초일류 기업일수록 창조적이고 건강한 생태계 조성을 강조한다. 기술을 뒷받침하는 중소기업이 성장해야 대기업의 지속적인 성장도 가능하다는 것이 미래 공급사슬 경쟁력의 핵심이다.

03

저비용에서 **고기술 구조로** 업그레이드

우리 경제의 미래는 기술이 핵심이다. 저비용의 중국을 극복하는 길은 기술밖에 없다. 기술이 깊어지면 시장이 보이고, 더 나아가 기업의 수익이 좋아진다. 그렇다면 고기술 시장은 어떻게 만들 수 있는가? 바로 기업 생태계를 튼실히 하고 기술 개발에 기업 생태계군의 역량을 집중해야 한다.

과거 기업은 내부 연구 개발 능력을 가장 가치 있는 전략적 자산으로 여겼으며 기본적으로 내부에서 창출해 조달하는 닫힌 혁신의 사고 구조가 중심을 이루었다. 그러나 연구개발비의 급증, 기술 수명의 단축, 기술의 복잡성 증가로 대기업조차도 자신의 자원에만 의존할 수 없는 상태다.

과거와 같은 폐쇄적이고 닫힌 생태계는 진화하기 어렵다. 단절적 기술 혁신은 기업 생태계의 진화를 가로막고 있다. 한국의 건강한 기업 생

그림 1-2 상생협력의 선순환 모델

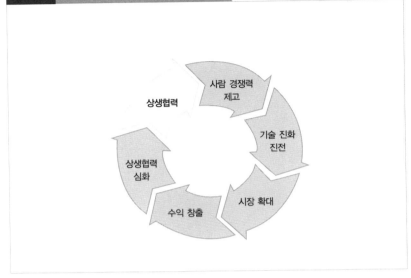

태계를 위해서는 열린 기술, 혁신 사고가 전제되어야 하고 기업 생태계
는 개방되어 있어야 한다. 이제 협력은 경쟁에 있어 최고의 기법이다.

 기술을 고리로 한 기업 생태계를 만들기 위한 상생협력은 중소기업
의 사람 역량을 개발해 '기술 개발'을 가속화시키는 것이다. 상생협력
의 결과 기술 진화가 일어나고, 기술은 시장을 낳고, 시장은 수익을 만
든다.

 상생협력이 수익을 만들어준 만큼 상생협력에 자신감이 생기면 다시
기술이 좋아지고 그 결과 경제를 변화시킬 수 있다. 이것이 바로 성공
적인 상생협력의 선순환 모델이자, 결국 중소기업의 인력을 키우고 기
술을 만들어 산업 전체를 살리는 행동 전략이다.

 경영에서 '상생'한다는 것은 대기업과 중소기업이 저임금을 가지고

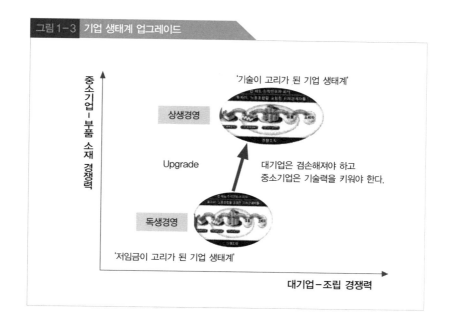

그림1-3 기업 생태계 업그레이드

중소기업-부품 소재 경쟁력

'기술이 고리가 된 기업 생태계'

상생경영

Upgrade

대기업은 겸손해져야 하고
중소기업은 기술력을 키워야 한다.

독생경영

'저임금이 고리가 된 기업 생태계'

대기업-조립 경쟁력

싸우는 것이 아니라 기술을 매개로 한 기업 생태계를 키우는 것이라 할 수 있다. 이는 곧 모두 잘사는 길, 국가경쟁력과 연결된다. 즉 이러한 기술 고리의 기업 생태계는 일본의 기술, 중국의 원가 경쟁력에 대해 한국의 지속가능 성장을 지켜나가는 길이다. 저임금 고리의 기업 생태계로는 안 된다. 이러한 저임금 구조는 중국이나 동남아시아의 성장으로 설 땅을 잃고 있기 때문이다.

구체적인 방법으로 프리미엄 제품으로 중국과 차별화하고 일본과 독일의 기술에 도전하는 길이다. 경쟁력이 있는 제품을 만들 수 있는 기업 생태계 없이 우리 경제에 미래는 없다. 기업이 저렴한 부품을 해외에서 수입해 혼자만 버텨보겠다는 독생(獨生)경영을 한다면 고기술, 고품질의 프리미엄 제품을 만들기 어렵다. 프리미엄 제품을 위해서는 이제 대기업과 중소기업이 함께 기술 고리로 연결된 기업 생태계로 진화해야 한다.

우리나라 부품·소재 산업도 이제 대기업이 하라는 대로만 하는 OEM^{Original Equipment Manufacturing}이 아니라 개발^{development}하고, 디자인^{design}해, 싼 원재료를 활용해 생산한 후 비싼 가격으로 판매하는 ODM^{Original Development Manufacturing}으로 탈바꿈해야 한다.

2

이제는 안경을 바꿀 때

01

도요타 철학이 있기에 도요타 방식이 있다

패러다임이란 자신이 쓰고 있는 안경과 같다. 어떤 안경을 쓰고 있느냐에 따라 중요한 것이 보일 수도 있고 안 보일 수도 있다.

'도요타 방식The Toyota Way'을 보자. 도요타 방식이란 도요타 종업원이 세상을 보는 방식The Toyota Way to see the universe이다. 곧 도요타 패러다임이다.

『성공하는 사람들의 7가지 습관』의 저자 스티븐 코비는 책에서 '운명을 바꾸고 싶다면 생각을 바꾸라'고 제안했다. 또한 '참된 변화는 내면에서부터 시작되어야 한다. 나뭇잎을 쳐내는 것과 같은 응급처치식 방법으로는 태도와 행동을 바꿀 수 없다. 이것은 뿌리, 즉 사고의 바탕이자 기본인 패러다임을 바꿈으로써만 가능하다. 이 패러다임은 우리의 성품을 결정하고, 우리가 세상을 보는 관점의 렌즈를 창조해준다.'고 단언했다.

즉 생각이 바뀌면 행동이 바뀌고 행동이 바뀌면 습관이 바뀌고 습관이 바뀌면 운명이 달라진다는 것이다. 결국 사람의 운명은 생각에 달려 있다.

마찬가지로 기업에서는 철학philosophy이 바뀌면 시스템system이 바뀌고, 시스템이 바뀌면 행동behavior이 바뀌고, 행동이 바뀌면 기업성과performance가 달라진다[5].

결국 기업의 성과는 철학에 달려 있다. 도요타 자동차의 도요타 방식의 출발도 도요타 철학에서 시작된다. 도요타 자동차는 4PPhilosophy, Process, People, Problem solving의 피라미드를 만들어 그 기반으로서의 철학을 강조하고 있다[6].

패러다임, 안경, 방식way, 철학은 유사한 개념이고 이들이 우리들의 행동을 결정한다. 상생협력을 통해 기업의 생태계를 복원하기 위해서는 상생협력의 철학을 이해하는 것이 중요하다. 혼다 자동차 50년사에는 "철학이 없는 행동은 흉기이고, 행동이 없는 철학은 가치가 없다"는 말이 있다.

대기업과 중소기업 간에는 왜 상생협력이 필요한가?

이 근본적인 물음에 있어서도 마찬가지다. 철학이 없으면 상생협력도 흉기에 불과할 수 있다. 기업 생태계에 대한 고민에서 상생협력의 철학이 생기고, 이것이 우리의 안경을 바꾸고 결국에는 패러다임을 바꿀 것이다.

대기업과 중소기업 **시너지**의 위력

물과 기름은 섞이기 어렵다. 그러나 만일 섞일 수만 있다면 엄청난 에너지를 낼 것이다. 이제 대기업은 중소기업을 보는 안경을, 중소기업은 대기업을 보는 안경을 바꾸어야 한다.

대기업과 거래관계에 있는 많은 중소기업이 원가 인하Cost Reduction: CR 압력을 받고 있다. 이러한 원가 인하 압력에 대해 중소기업은 어떻게 대처해야 하는가?

소극적 대처는 정부에 기대고 호소하는 방법이며, 적극적 대처는 '제안하는 연구 개발'이다.

따라가는 연구 개발은 원가와 생산성 인하에 중점을 두게 되고, 제안하는 연구 개발은 제품 개발에 중점을 두어 대기업에 제품 개선을 제안하게 된다.

소위 잘나가는, 성공적인 중소기업의 특징은 연구소가 잘나간다는 것이며, 이때 연구소는 수요자의 요구에 맞게 기업의 능력을 동태적으로 전환시킬 수 있어야 한다.

대기업의 53%는 중소기업 중에서 생산 혁신, 기술 혁신의 파트너를 찾고 있고, 중소기업의 46%는 대기업을 '판매 및 기술 지원의 파트너'로 인식[가]하고 있다. 대기업과 중소기업은 서로에 대한 근본적으로 인식상의 큰 차이를 보이고 있다. 즉 대기업은 중소기업에 기술을 원하고 있고 중소기업은 대기업에 시장으로서의 역할을 충실히 해주기를 원하고 있다.

이처럼 물과 기름같이 보이는 대기업과 중소기업이 섞여 큰 에너지를 낼 수 있는 방법은 없을까?

있다. 바로 중소기업의 기술이 깊어지면 시장이 넓어진다는 단순한 명제를 상생협력의 모델을 통해 실천해나가는 것이다.

노동자의 경우 기술이 없으면 노동 착취를 당하는 것처럼 현재 수익성 악화로 고민하는 중소기업의 문제도 결국 기술과 품질의 문제로 단순화할 수 있다.

지금 중소기업의 목표는 최고 수준의 기술과 품질을 만드는 것이어야 한다. 결국 핵심은 기술이고, 기술의 배경은 중소기업의 혁신 역량이라 할 수 있다. 중소기업의 혁신 역량의 중심에는 인재 즉, 사람이 있다.

중소기업은 사람을 키워야 한다. 사람을 키워 혁신 역량을 높이고 비교우위의 기술력을 갖춘 기업에게는 저환율, 고유가 시대도 새로운 기회로 다가올 것이다.

03
21세기 기업 환경이 원하는 안경

그렇다면 대·중소기업의 상생협력을 위해서는 어떤 안경으로 바꾸어야 할까? 상생협력의 경영 패러다임이 원하는 안경은 무엇일까?

첫째, 까다로운 소비자를 무시하는 안경을, 까다로운 소비자를 직시하는 안경으로 바꾸어야 한다. 이태리 구두가 최고급인 이유는 이태리 소비자들이 가장 까다롭기 때문이다. 가장 까다로운 소비자를 무시하지 않고 그들의 요구를 다 들어주다보니 자신도 모르는 사이에 세계 최고가 되어 있는 것이다.

우리의 대·중소기업 관계는 어떠한가? 까다로운 대기업, 까다로운 중소기업이 파트너의 경쟁력을 키운다. 그래서 파트너를 단기적으로 만족시킬 것이 아니라 파트너를 장기적으로 성공하게 만들어야 한다.

둘째, 비용 중심적 사고에서 기술 중심적 사고로 전환되어야 한다. 전통적인 토지, 노동, 자본을 중시하던 안경을 기술, 지식, 사람을 중시하는 안경으로 바꾸어야 한다. 이제 기술을 가진 사람이 경쟁력의 원천이 되어야 한다.

셋째, 안에서 바깥 보기inside-out 안경을 바깥에서 안으로 보기outside-in 안경으로 바꾸어야 한다. 바깥에서 안으로 보는 사고를 전략적 사고라 한다. 상생협력은 자칫 오해하면 기존의 협력 체계에 안주하는 폐쇄성을 고착시킬 수도 있다. 기업 혁신의 출발은 시장과 소비자가 되어야 하고 이를 위해서는 열린 혁신의 생태계가 만들어져야 한다.

이러한 안경 바꾸기를 통해 대·중소기업 협력관계는 저렴한 노동력에 기반을 둔 원가 경쟁력에서 역량 개발을 통한 기술과 지식 경쟁력으로, 까다로운 소비자 무시하기에서 까다로운 소비자를 직시하고 배려

그림1-4 안경 바꾸기

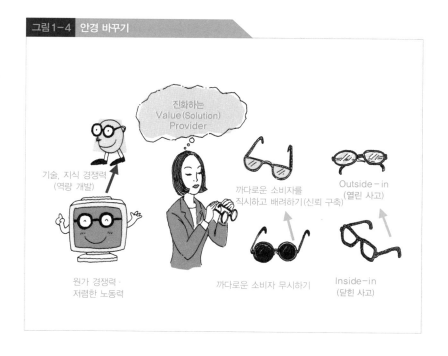

함으로써 장기적인 신뢰관계를 구축하는 것으로 바뀌어야 한다. 또한 닫힌 사고inside-out에서 열린 사고outside-in로 변화해 고기술 고리로 연결되어 장기적으로 지속가능한 기업 생태계를 만들어가야 한다.

상생경영

04

철학 · 시스템 · 행동 · 기업성과의 피라미드

생각을 바꿔 운명을 바꾸는 것은 개인의 차원이다. 기업의 경우 철학-시스템-행동-기업성과의 피라미드를 형성한다. 기업의 생존 기반으로는 소비자 · 고객 집단은 물론 하청 및 협력 업체 집단이 있고, 더 나아가 노동자 집단도 기업의 생존 기반이 된다. 자기의 생존 기반을 제대로 인식하고 그것을 보호 육성하기 위해 투자한 조직은 성장 발전했고, 그렇지 못한 조직들은 쇠퇴 소멸했다는 것이 인류 역사의 교훈이기도 한다.

그러면 상생협력의 철학이란 무엇인가?

상생협력의 철학은 '시장친화성market orientation', '호혜성reciprocity', '공감성sympathy', '지속가능성sustainability'으로 요약된다. 이러한 철학을 바탕으로 대 · 중소기업 간 동반성장을 추구함으로써 '건강하고 지속가능한 기업 생태계'를 만들어가는 것이다.

첫째, 시장친화성market orientation. 최고의 경쟁기법은 협력이라고 한다. 시장친화적 상생협력이 이루어져야 일시적인 유행에 그치지 않고 지속적으로 효력을 나타낼 수 있다. 상생협력의 성과는 시장경쟁력의 효과로 나타나 기업의 이익으로 돌아올 때 자기강화의 진화가 가능해진다. 시장친화적 상생협력이 되기 위해서는 파이를 키우는 상생협력이 되어야 한다. 현재의 파이에 관심을 가지기보다는 현재의 파이를 키워서 수익성 증대를 추구하는 상생협력이 되어야 한다.

둘째, 호혜성reciprocity이다. 대·중소기업간 상생협력은 대기업 또는 중소기업의 일방적인 희생이 아니라 시장경쟁력의 관점에서 대기업과 중소기업이 상생협력을 통해 나타나는 경쟁력 제고의 효과들을 서로 주고받을 수 있어야 한다는 호혜성을 기반으로 동반성장을 지향해야 한다. 어느 한쪽의 일방적인 희생만이 강요된다면 협력은 지속성을 가지기 어렵다. 그리고 궁극적으로는 소비자 후생 증대에 기여하는 상생협력이어야 한다.

이러한 상생협력의 철학 즉 기본원칙은 우선 상생협력의 개념, 비전, 지향점에 대한 대기업과 중소기업의 공감sympathy이 가능해야만 한다. 이러한 공감대 형성은 상생협력에 있어 추진력을 제공할 것이다.

네 번째 원칙은 지속가능성sustainability이다. 대기업과 중소기업간 상생협력은 시간의 관점에서 단기가 아닌 멀리 보는 협력이 되어야 한다.

기업의 시스템과 구조는 이러한 철학의 영향 아래 행동하고 성과를 나누어야 한다. 상생협력 철학에 따라 상생협력을 지원하기 위한 조직과 제도가 구성된다. 이러한 상생협력을 지원하는 구조와 시스템은 기업과 기업간 거래에 있어 기회주의적 행동을 감소시키고 협력적 행동을 증가시킬 것이다. 그 결과 기업 간 거래비용이 줄어들고, 만들어진 신뢰는 건전한 교환을 위한 윤활유 역할을 하여 기업성과를 만들어낸다.

05

한국 경제의 지속성장을 위한 새로운 패러다임

한국경제는 1950~60년대 노동력을 이용한 원가 경쟁으로 내수 시장 및 수출 시장을 개척하던 생존 기반 구축의 시대로, 중소기업은 낮은 임금과 낮은 생산성을 바탕으로 내수 중심이었고, 대기업은 수입 대체 산업과 수출 산업에 진입하는, 대기업과 중소기업의 분업관계였다.

1970년대 이후는 원가 경쟁을 기초로 선진국을 따라잡기 위해 자본 축적을 성장 모멘텀으로 이용했다. 대기업이 대규모 자본 축적이 필요한 중화학 공업으로 진출하면서, 대기업과 중소기업 사이에는 수직적 분업관계가 발전되어 생산성의 파트너로서 중소기업의 중요성이 증가했다. 이와 함께 하도급 거래 공정성의 문제가 대두되고, 대·중소기업 간 갈등 구조가 심각하게 제기되었다.

1980년대 후반 시장 개방이 가속화되고, 중구 및 동남아 후발 개도국의 추격이 빨라짐에 따라 한국 제품의 경쟁력이 하락했다. 1988년 올림

픽 이후에는 민주화와 더불어 급격한 임금 인상으로 인해 노동과 자본의 생산 요소에 의존하는 경제 성장 패턴에 한계가 나타나기 시작했다.

1990년대에는 이제 한국 기업은 기술 중심의 경제로 전환해 글로벌 경쟁에서 리더가 되어야 살아남을 수 있게 되었다. 이로 인해 대기업과 중소기업의 관계는 기술 혁신 파트너로서의 관계가 형성되어야 하고 중소기업의 R&D 투자가 중요한 요소이며, 대기업과 중소기업의 연결이 과거보다 훨씬 더 정교하고 긴밀하게 네트워크 되어야 한다. 그러나 대·중소기업의 관계는 아직도 과거의 갈등관계 패턴을 벗어나지 못하고 있다. 이것이 새로운 차원의 대·중소기업 협력이 필요하게 된 시대적 배경이다.

몽테뉴적 사고에서 벗어나자

과거의 갈등이 내재되어 있는 협력관계에서 새로운 차원의 더 높은 협력으로 가려면, 우리는 '한 사람의 이익은 다른 사람의 손실을 의미하며, 다른 사람에게 손해를 끼치지 않고 이익을 볼 수 없다'는 몽테뉴적 사고에서 벗어나야 한다.

프랑스 수필가 몽테뉴가 한 말로, 폰 미제스는 그의 이름을 따 '몽테뉴적 오류'라고 명명했다[8]. 이것은 사회적 협력에 대한 철학이 아니라 사회의 붕괴와 분리의 철학이라 할 수 있으며, 인간관계는 강자에 의한 약자의 약탈에 불과하다.

그런데 우리 사회는 혹시 이런 '너 죽고 나 살자' 식 몽테뉴적 오류에 빠져 있지는 않은가? 안타깝게도 우리 사회는 아직 16세기 중반의 이러한 몽테뉴적 사고에서 벗어나지 못하고 있다는 비판이 이따금씩 제기된다.

몽테뉴적 오류는 한국 사회의 일부 정서와 부합되어 흑백논리로 탈바꿈하기도 한다. 이런 관점에서 보면 무역의 경우 오직 수출만이 이익이 되고, 수입은 재앙이다. 일부 사람이 부를 축적하는 것을 막으면 나머지 사회 구성원에게 엄청난 이익이 되고, 소득분배에서는 부자의 재산을 빼앗아 가난한 사람에게 주는 것이 사회의 이익이다. 대기업과 중소기업의 관계에서는 대기업의 이익은 중소기업의 이익을 줄여야 증가하게 된다.

따라서 사람들이 몽테뉴적 오류에 사로잡히게 되면, 사회 조직의 문제에서 파이를 키우는 데는 관심이 없고 한정된 파이를 차지하려는 투쟁에만 초점을 맞추게 된다.

그러나 몽테뉴적 사고는 오류일 수밖에 없다.

몽테뉴적으로 보면 의사의 이익은 환자의 불행에서 나와야만 한다. 하지만 아픈 사람의 불행은 자신의 병에서 비롯되고, 의사의 이익은 환자의 고통을 해소시키기 때문에 생기는 것이다. 빵 가게가 이익을 얻는 것은 빵을 사는 사람이 배고프기 때문이 아니라, 사람들에게 배고픔을 없애주는 상품을 제공했기 때문이다.

몽테뉴적 오류에서 벗어나려면, 많은 사람의 지식 체계를 보편적인 경제학적 지식으로 대체시켜주어야 한다. 즉, 단기적으로 사는 사람과 파는 사람 사이에 갈등이 존재하는 것은 자연스러운 현상이라는 것을 받아들여야 하고, 이러한 단기적 이익의 갈등을 장기적 이익의 조화로 대체시켜야 한다. 이익의 조화는 인간의 필요와 욕구를 성공적으로 만족시키는 데서 이루어지며, 이를 위한 성공적인 체제는 인간 사이의 협력을 사회 자본으로 전환시킴으로써 실현될 수 있다.

사회 자본은 사용할수록 그 가치가 마모되는 물질적 자본과 달리 사용할수록 그 가치가 증가되는 선순환의 자본이다. 그러나 이는 외생적으로 주어지는 자본이 아니고 그 사회가 시간과 자원을 투자해 내생적으로 '창출해야 하는 자본'이다.

인텔이 포춘Fortune 선정 50대 기업으로 성장하는 데는 10년이 채 걸리지 않았다.
이 기간 동안 인텔은 고도의 자본 집적 공장을 건설하고 매우 빠른 속도로 신제품을 내놓았다.
인텔이 폭발적으로 성장하는 동안, 경쟁사들을 성공적으로 물리칠 수 있었던 것은
다수의 협력사들과 함께 무서운 속도로 신제품 개발 및 공정 개발을 이루었기 때문이다.
대부분의 경쟁 반도체 제조업체들이 스스로 신규 공정 기술을
개발해야만 한다고 굳게 믿었던 시절, 인텔은 자사의 차세대 공정에 필요한
첨단 기술을 신생업체들을 통해 신속히 공급받았다.

相生經營

2부

상생협력, 새로운 경영 패러다임

상생협력의 이론적 배경

상생협력의 이론적 틀과 발전 모델

상 생 경 영

1

상생협력의 이론적 배경

01

사회통합 원리로서 협력과 경쟁

경제학의 창시자 아담 스미스A. Smith는 『도덕감정론』에서 세상의 통합 원리를 '상호이익이 되는 조화로운 질서의 창출'로 정의하고 통합의 수단으로 '공감sympathy의 역할'을 강조한다. 그의 철학은 윤리의 기초로 유용성보다 정당성에 부합되는 행위들에 대한 '인정approval'을 강조한다.

여기서 인간은 자신과 다른 사람들의 감정을 공유하는 동료의식, 즉 '공감'을 갖춘 것으로 묘사하고 있다. 공감을 기업의 차원에서 파악하면 고객의 필요와 기호를 인식하는 능력이라 할 수 있다.

아담 스미스는 『국부론』에서 더 많은 생산을 위한 경제통합의 원리로 '보이지 않는 손'9)의 경쟁 원리와 분업 원리를 강조한다. 두 가지 원리는 사회의 조화를 위한 협력의 중요성을 설명하고 있다.

개인들이 자기의 이익을 뜻대로 추구하는 동안 '보이지 않는 손'이 사회 전체의 이익을 가져온다는 경제관은 사적 이기심과 사회 번영이 공존할 수 있는 자본주의 경제의 철학적 근거가 되었다.

보이지 않는 손이 작용하는 시장경제에서 각자의 목표는 자기 자신을 만족시킬 뿐만 아니라 다른 사람들의 요구를 만족시키는 것이다. 각자 행동의 궁극적 목적은 자기 자신을 위한 것이 되고 그 목적을 달성하기 위한 노력이 또한 다른 사람들의 목적을 달성하는 데 하나의 수단이 된다.

이것이 바로 아담 스미스가 『도덕감정론』에서 통합 원리로서 강조하는 '공감' 및 '인정'의 관계다. 이 같은 철학은 17세기의 자연법 사상 및 몽테뉴적 오류의 사회 사상을 대체하는 획기적인 역할을 하였다고 할 수 있다. 따라서 아담 스미스의 『도덕감정론』 그리고 『국부론』은 산업혁명 시대에 적합한 정신 혁명을 일으킨 획기적인 저서라 할 수 있다. 이것이 더불어 함께 사는 시민사회의 정신적 기초라 할 수 있다.

노동의 생산성 향상을 위해 아담 스미스는 노동 분화, 소위 분업을 강조한다. 핀 공장을 예로 들어, 18개의 공정으로 나누어 협력 체제로 생산을 하게 되면, 하루에 핀을 20개 만들기도 어렵던 것을 4,800개까지 만들어낼 수 있다고 제안했다.

산업에서 협력은 기업 내부에서 이루어지는 협력과 기업 외부에서 이루어지는 협력으로 나눌 수 있는데, 아담 스미스는 생산성을 높이기 위해 기업 내 협력을 강조한 것이다.

이렇게 협력과 분업의 원리로 기업과 기업의 거래가 이루어지고 원청과 하청 관계인 대기업과 중소기업으로 기업의 형태가 분화되었지만 아담 스미스 시대에는 기업 외부 협력의 가치사슬이 더 큰 부가가치를 만든다는 사실을 예측하지 못했을 것이다.

아담 스미스의 고전경제학은 협력의 가치를 체계적으로 설명하지 못한다. 사회, 경제, 정치, 과학 등 인간의 문명은 진화와 변화의 원리에 의해 역동성을 띠게 되는데 이러한 미래의 불확실성에 의해 경제 주체들 간의 불안전한 역학관계가 상존할 수밖에 없다.

고전경제학에서는 경쟁과 대립되는 개념으로 기업 외부의 협력을 바라보았다. 다수의 판매자와 구매자, 상품의 동질성, 기업의 자유로운 진입과 퇴출, 완전한 시장 정보가 보장된 완전경쟁시장에서 기업과 기업 간 협력은 불완전경쟁시장으로 퇴보하는 요인으로 보기 때문이다. 그러나 변화와 불확실성이 상존하는 역동적 경제 환경에서 시장 실패를 보완해나가는 적절한 수단으로서의 협력은 얼마든지 이용될 수 있다. 이제는 사회통합 원리로서 경쟁과 협력의 가치에 주목해야 한다. 특히 고전경제학에서 간과했던 협력은 미래 변화의 불확실성을 감소시키는 데 크게 기여할 수 있다.

02

지금까지의 협력은 실패의 역사다

협력의 성공이 정상이고 실패가 비정상이지만, 역사적으로 볼 때는 성공적인 협력보다 실패한 협력이 더 많다. 조직적 협력이 성공하고 있다면, 기업은 영속적일 것이고 기업의 수명은 논의될 가치가 없을 것이다. 또한 기업 내 협력이 실패의 역사라면, 기업 간 협력의 어려움은 말할 필요가 없다.

그렇다면 기업들이 변화하는 환경 속에서 생산 활동을 하면서, 대기업과 중소기업, 그리고 중소기업과 중소기업은 왜 상생협력을 원하게 되는가?

이는 협력의 부가가치가 중장기적으로 플러스(+)라고 기대될 때에만 이루어진다. 협력의 부가가치는 '협력 부가가치 = 협력 후 가치 - 협력 전 가치'로 정의될 수 있다.

기업 간 협력에서 '협력의 부가가치'가 플러스가 되지 않고 마이너스가 되는 상황, 즉 협력이 실패하는 상황이 얼마든지 발생할 수 있고 자본주의 사회에서는 그 실패가 훨씬 더 흔한 사례라 할 수 있다. 왜냐하면 협력은 사람이 하는 일인데, 협력당사자의 마음 상태를 서로 정확히 알 길이 없기 때문이다. 그러한 협력 실패의 전형적 요인으로 기업 간 정보의 비대칭성에서 발생되는 각 기업들의 역선택adverse selection, 도덕적 해이moral hazard를 들 수 있다.

정보의 비대칭이란 거래하는 A기업과 B기업 사이에 서로에 대한 정보의 차이가 다르다는 것이다. 협력은 비협력과 달리 사전적으로 공식적 및 비공식적 협약을 필요로 하게 된다. 이때 협력, 협약에 참여할 때부터, 자신은 최선을 다하지 않고 상대방을 이용하겠다는 의도로 참여하게 될 때 이를 역선택의 문제라 부른다. 이를테면 부품업체 A는 조립업체 B와 거래를 하면서 1년만 거래해 돈만 벌고 그 이후에는 사업하지 않겠다고 생각하고 있는데 B는 A가 오랫동안 부품을 공급해줄 것으로 믿고 계약을 체결하는 경우다.

반면 협력, 협약 이후 계약당사자는 공동의 가치를 크게 하기 위해 각자 최선의 노력을 기울여야 하지만, 협약당사자들이 자신들에게 요구되는 과업에 최선의 노력을 기울이지 않을 경우 이를 도덕적 해이라 한다.

한쪽은 전혀 노력을 기울이지 않고 다른 쪽의 노력에 편승할 수 있다는 것이 바로 도덕적 해이의 한 가지 형태인 '공짜 먹기 또는 무임승차freerider'이다. 자신은 노력이나 비용을 부담하지 않고, 다른 사람들이 노력이나 비용을 들여서 해놓은 것을 이용하게 된다는 것이다.

협력, 협약을 한 이후에도 기업들이 공동 성과를 가시화하기 위해 노력은 하지만, 그 결과에서 최선의 결과가 나오지 않을 수 있다. 각자가 최선을 다하지만, 공동성과 배분에서 자신들에게 불리한 결과가 올 것이라 예견하게 된다면, 최선을 다하지 않고 소위 자신에게 가장 이익이 되는 행위를 취하게 된다. 그 결과 산출되는 공동이익은 최선의 결과가 아니라 차선의 결과밖에 얻을 수 없어, 협력에 참여한 모든 기업이 손해를 본다. 이것이 바로 협력에서 발생하게 되는 '죄수의 딜레마prisoner's dilemma' 다.

위와 같이 자신의 이익에 충실한 기업 간의 협력은 많은 장애물들이 상존하고 있으면 협력에 참여한 기업 간 신뢰 구축에 많은 시간과 노력을 투자해야 하며 이 같은 투자 없이는 협력이 성공하기 어렵다. 또한 협력 즉, 사회적 약속에 대한 사회적 인식도 더 한층 성숙되어야 한다. 자유가 공짜로 오는 것이 아니듯 협력도 공짜로 얻어지는 것이 아니다 Freedom is not free and Cooperation is also not free.

03

협력의 원리

협력을 두 사람 이상이 활동하는 기능적 시스템이라고 정의한다면, 모든 협력 행위는 육체적, 생물학적, 사회적 등 다양한 요인들의 통합 행태이다. 협력 행위의 구성 요소를 좀더 구체적으로 분석하기 위해, 그 구성 요인들을 구체적으로 살펴보자.

협력 행위가 육체적, 생물학적 및 사회적 요인으로 구성되어 있다는 사실을 통합해보면 협력 행위의 일반화된 원리, 즉 '협력 행위의 원리 The principles of cooperative action'를 얻을 수 있다.

인간의 가장 중요한 한계점이 바로 생물학적 한계다. 개인주의, 선택, 자유의지의 철학에서 공통된 시사점은 '목적'을 가지고 있다는 것이다. 이와 정반대 철학인 결정주의, 행위주의, 사회주의의 가장 공통된 시사점은 '개인의 한계'다. 목적을 실현하고 개인의 한계를 극복하기 위한 협력은 개인 목적의 존재와 그것에 대한 믿음, 그리고 한계에 대한 경험에서 일어난다고 할 수 있다. 협력 시스템에서 육체적 및 생물학적 한계는 협력 시스템에서 다음 다섯 가지 질문을 제기하게 된다.

첫째, 협력은 왜 또는 언제 효과적인가?

그룹의 동시적 협력은 구성원들이 쏟는 에너지, 인내, 성과, 스피드, 적응 등의 요소들이 개인이 이러한 동일한 요소들을 추진할 때보다 탁월하게 이루어질 때 효과적일 수 있다. 그러나 협력의 지속성을 위해서는 동시성을 위한 노력의 동시성보다 연속성이 더 필요하게 된다.

둘째, 협력 과정의 대상은 무엇인가?

협력 대상의 개인 행위의 대상과 같을 수 있지만 그것은 가장 단순한 협력의 유형에 속하며, 협력적 기관의 정치성이 낮을수록 협력 노력의 대상은 개인 행위에서는 수용 불가능하게 되고 종류 및 질에서 변화하게 된다.

셋째, 협력의 한계는 무엇인가?

환경의 조건이 협력 행위에 대한 환경의 한계를 끊임없이 변화시키고 있다. 협력 시스템의 조정은 여러 가지 유형의 조직 활동의 균형에서 조정을 의미하고, 이러한 조정 능력이 바로 한계 요인이 된다. 이러한 조정 과정은 경영의사결정 과정이고, 전문화된 기관들이 바로 경영자 및 경영 조직들이다. 따라서 이러한 과정과 기관들이 바로 협력의 한계가 되는 것이다.

넷째, 협력 시스템에서 불안정성의 원인은 무엇인가?

불안정성은 물리적 환경의 변화에서 그리고 협력 시스템 내에 일어나는 조정 과정 및 경영 과정의 불확실성에서뿐만 아니라 여러 가지 가능성의 변화와 함께 행위 목적의 특성 변화에서 나타나게 된다.

다섯째, 협력은 추구되는 목표에 어떤 영향을 미칠 것인가?

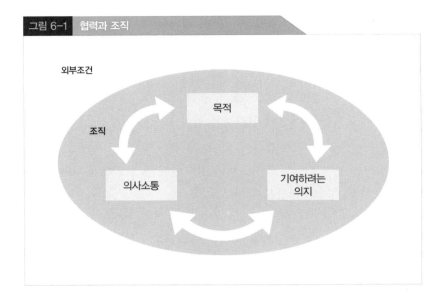

그림 6-1 협력과 조직

외부조건

조직

목적

의사소통

기여하려는
의지

한계를 극복하는 것은 목표 달성의 수단이 되므로, 개인이나 하나의 기업이 직면하는 한계를 협력을 통해 극복해나가면 새로운 목표가 달성될 수 있다.

버나드는 협력 시스템 내에서 이루어진 시스템 중 하나를 '조직'이라고 부르며, 조직을 두 사람 이상의 협력 활동의 시스템으로 정의하고 있다. 이러한 조직은 세 가지 구성 요소, 즉 목적, 의사소통, 기여하려는 의지에 의해 작동된다는 것이 '공식적 조직이론the theory of formal organization'이다. 조직의 구성 요소는 주어진 시점의 외부 조건하에서 적절한 요소들의 결합에 의존하게 되므로, 외부 조건들이 변화하면 조직은 변화할 수밖에 없다. 협력에 의해 성립되는 조직 구성 요소의 상호 관계는 〈그림 6-1〉과 같고, 외부조건들 및 조직의 구성 요소가 변화할 때 조직도 변화하는 조직의 역동성이 나타나게 된다.

조직은 지속적 존재를 위해 효과 또는 효율이 필요하며, 조직의 생명이 길수록 더 큰 효과와 효율이 요구된다. 조직의 생동감은 개인들이나 기업들이 협력시스템에 기여하려는 의지에서 발생한다. 이러한 의지는 목적이 실현될 수 있다는 믿음에서 나오게 된다. 효과가 나타나지 않으면, 기여하려는 의지도 없어진다. 지속적으로 기여하려는 의지는 목적을 실현하는 과정에서 개인 기여자들이 얻게 되는 만족에 의존하게 된다.

　　만족이 협력에 참여하면서 희생한 것에 비해 적다면, 기여하려는 의지는 사라지고, 그 상황은 조직 비효율성으로 나타난다. 만족이 협력에 참여하면서 희생한 것보다 많으면 기여하려는 의지는 지속되고, 그 조건은 조직의 효율성 중 하나가 된다.

04
수직적 통합인가 장기 전속 계약인가

기업은 시장을 통한 거래비용이 기업 내부의 거래비용보다 적게 든다면 시장거래를 택하게 된다. 이러한 논리는 또다른 기업의 탄생 또는 기업이 존재하는 이유가 된다.

기업 내 거래는 기업가의 조정자 역할을 통해 이루어지며 기업 간 거래는 가격 메커니즘을 통해 이루어진다. 두 거래의 가장 큰 차이는 기업 간 거래에는 거래비용이 발생하게 된다는 것이다.

시장거래가 이루어지는 데 필요한 조건들은 거래를 원하는 사람을 찾고, 거래희망과 거래조건을 알리고, 매매계약에 이르도록 교섭하고, 계약서를 작성하고, 계약조건의 준수 여부를 확인하는 것 등이다. 이러한 작업을 수행하는 데 소요되는 비용을 총괄하여 거래비용이라 부른다.

이런 거래비용은 시스템을 운용하는 데 발생되는 두 가지 비용, 즉 조정 비용 및 동기부여 비용으로 나눌 수 있다.

조정 비용은 시장거래를 위해 발생하는 비용과 조직 내 계층구조를 통과하는 데 발생하는 비용으로 나눌 수 있다.

동기 문제에 연관된 거래비용도 두 가지로 나눌 수 있는데, 첫째, 정보 불완전성 및 정보 비대칭성과 관련된 비용으로 기업 간 및 기업 내의 거래에서 정보 비대칭성이 바로 주인-대리인$^{principal-agent}$ 문제를 야기한다. 여기에 전형적 형태가 바로 앞에서 소개한 역선택, 도덕적 해이, 그리고 공짜 먹기, 죄수의 딜레마이다.

둘째, 불완전 가담, 즉 계약 당사자들 스스로가 위협과 약속을 철저히 지키도록 속박할 수 없는 형태에서 발생하는 비용으로 인해 불완전 계약$^{incomplete contract}$ 문제가 야기된다.

실례로 부품 공급업자가 조립업체의 특정한 요구에 응하기 위해 거액의 투자를 하는 경우를 고려해보자. 일단 투자가 이루어지면 투자는 매몰비용이 되므로, 조립업자는 공급업자에게 더 낮은 가격 및 기타 양보조항을 요구할 수 있지만, 그런 요구를 공급업자는 거절할 수 없는 상황이 된다.

장래 이런 상황을 예견하는 부품공급업자는 조립업체의 기회주의에서 자신을 보호하기 위해 자산을 확대할 수 있는 이런 투자 기회를 붙잡지 않을 것이다.

그러나 조립업자가 기회주의적으로 행동하지 않기로 약속한다면 공급업자는 그 투자를 더 적극적으로 진행하게 될 것이므로, 조립업자도 이익을 얻을 수 있을 것이다.

조립업체는 경제상황의 변화에 따라 생산량을 조절할 수밖에 없어, 과거의 약속을 지키는 것이 쉽지 않다. 조립업체는 기회주의적 행위를 하지 않겠다고 약속할 수 있지만, 그런 약속은 실현되는 것이 어렵다. 부품업체가 조립업체의 요구에 응하여 투자를 하여 생산시설을 늘리게 되면, 기존 시설과 신규 시설은 조립업체의 주문에 응하여 가동된다. 따라서 부품업체의 시설 가동은 조립업체의 주문에 종속되므로, 그 시설은 조립업체에 연관된 관계특정relation-specific의 투자이며 이런 투자자산의 성격을 자산특유성asset-specific이라 부른다.

자산특유성은 그 자산이 제공하는 서비스가 그 용도에서만 예외적으로 가치 있는 자산일 때 그 자산은 그 용도에 특유하다는 것을 의미한다. 자산특유성의 정도는 그 자산이 주요 용도에서 배제되면 잃게 되는 가치의 부분으로 정의된다.

관계특정에서 유래되는 자산특유성asset-specific은 불완전 계약이론, 협력 또는 소유의 선택을 결정하는 '코 꿰기 문제hold-up problem' 등 다양한 요인들을 설명하는 데도 이용된다.

코 꿰기 문제란 A업체가 B업체를 통해서만 부품만 조달 받기로 계약하여 의사결정의 제약을 받는 것이다. 즉 자신의 자산이 다른 사람이 소유하고 있는 특정자산의 용도에만 이용될 때 다른 소유자의 자산에 '코 꿰기' 당했다고 할 수 있다. 자산 특유성에서 '코 꿰기' 당한 사람은 다른 사람이 소유한 특정 자산을 구매하여 수직적 통합(vertical integration : 조립업체과 부품업체를 소유하게 되는 기업 간 통합)을 함으로서 그 문제를 피할 수 있다.

이것이 바로 '코 꿰기 문제'에서 협력 또는 소유를 선택할 것인가의 핵심 과제이다.

거래비용이 협력의 스타일을 결정한다

조립업체가 부품업체에게 '코 꿰기'를 당한 'GM과 피셔 바디' 사례를 보자. GM에 자동차의 바디 부품을 공급하는 피셔 바디Fischer Body는 1919년에 수직적 통합을 하지 않고 코 꿰기 가능성을 피하기 위한 수단으로 두 회사 사이에 장기 전속거래 계약을 체결하였다. 10년 동안 피셔 바디에서 자동차 바디를 사도록 한 장기 전속거래 계약은 GM이 기회주의적으로 피셔 바디를 위협할 수 있는 가능성을 제한하였다.

이렇게 함으로써 장기 전속계약 장치를 통해 피셔 바디는 GM 평판에 의존도를 감소시키면서, 관계특정 투자를 할 수 있게 되었다. 궁극적으로는 GM은 피셔 바디에 유리한 조건으로 피셔가 소유한 피셔 바디 주식을 구매함으로써 피셔 바디를 수직적 통합 형태로 흡수했다. 궁극적으로 GM이 피셔 바디에 코 꿰기 당하거나 그 반대의 상황에 처하게 되는 문제를 해결하는 소유규조의 형태 중 하나가 바로 수직적 통합이라 할 수 있다.

장기 계약과 연관된 거래비용 문제는 기업 특정firm-specific의 투자가 왜 수직적 통합으로 연결될 가능성이 높은가에 대한 이론적 근거를 제공해준다. 특유자산 투자는 장기 계약 조건의 필요성을 창출하고, 이는 계약상 창출된 코 꿰기의 가능성과 관련된 렌트를 분산시키는 데 소요되는 거래비용을 시사한다. 기업 특정의 투자가 없을 때, 장기계약 조건은 불필요하게 되고 현물계약이 사용될 수 있다.

수직적 통합과 관련된 비용이 특정 투자 수준과 무관한 인센티브 유형의 비용일 때, 특정 투자의 수준이 커질수록 수직적 통합의 가능성은 더 커진다. 또한 특유 투자의 수준이 더 커지고 시장을 사용하는 잠재적 비용이 더 커질수록, 수직적 통합이 해결책이 될 수 있는 가능성은 더 커지게 된다.

05
협력의 다양한 이론

협력의 이론적 근거를 제시하는 이론들은 다양한 학문 분야에서 찾을 수 있다. 여기서는 주로 경제학·경영학 분야에서 언급되는 협력관련 이론들이 상생협력의 세 가지 길-역량 진화, 신뢰 구축, 열린 혁신-과 어떤 연관을 가지는가를 간략히 살펴보자.

거래비용 이론(Transaction Cost Theory)과 대리인 이론(Agency Theory)

거래에서 발생되는 거래비용을 경제 행위를 결정하는 중요한 요인으로 다루는 거래비용 경제학은 전통적인 신고전학파와 다른 두 가지 행위 가정을 하게 된다.

하나는 '제한적 합리성bounded rationality'의 조건이고 또 하나는 '자기이익 추구형 인간'이다. 자기이익 추구의 속성은 바로 기회주의, 도덕적 해이, 대리인 문제 등으로 다양하게 나타낼 수 있다.

거래비용 접근법에 따르면 거래를 구분하는 차원으로 크게 세 가지 기준10), 즉 거래의 빈도, 거래에 따른 불확실성, 자산특유성asset-specific을 들 수 있으며, 이 중에서 가장 많이 이용되는 것이 바로 자산특유성이다.

거래비용 이론은 어떤 경영 자원을 기업 내부에서 조달할지 시장 거래를 통해 외부에서 구입할 것인지에 대한 분석틀을 제공한다. 이론적으로는 기업은 자기가 가장 뛰어난 분야에만 집중하고 나머지 부분은 외부에서 조달할 것이다. 그러나 이러한 구입 즉, 거래를 하기 위해서는 정보를 수집하고, 권리를 보호하고, 계약 조건을 협상하고, 이를 감시, 이행하게 되므로 비용 즉, 거래비용이 발생한다.

거래비용은 협력에서 두 가지 시사점을 제공한다. 첫째, 거래비용을 상쇄할 수 있는 핵심 역량이 외부 기업에 존재해야 한다. 이러한 거래비용으로 인해 필요한 부품, 원재료를 외부에서 조달하는 것이 내부에서 생산하는 것보다 더 비쌀 수 있다. 이러한 거래비용을 지불하고도 외부 조달을 하려면, 부품 기업은 조립 기업에 매력적인 핵심 역량을 지속적으로 갖추어나가야 한다.

둘째, 외부 기업과 거래에서 발생되는 거래비용을 최소화할 수 있어야 한다. 거래비용은 제한된 합리성, 소수의 참가자 · 거래파트너, 기회주의의 가능성으로 인해 발생하며 이는 신뢰의 결여를 초래한다. 즉, 신뢰의 결여가 거래비용 발생의 본질적 원인이며, 신뢰를 창출할 능력이 있는 기업은 거래비용을 낮추는 효과를 얻을 수 있다. 신뢰 구축이 거래비용을 감소시키는 핵심 자원이고, 이는 사회자본social capital을 구성하는 핵심 요소다.

동일한 부품[11]을 조달할 때에도 거래비용이 높은 기업은 이를 내부에서 생산해야 하지만 거래비용을 '낮출 수 있는' 기업은 이를 외부에 맡기고 자신의 비교우위에만 집중하고 환경 변화에 유연하게 대응하는 이점을 누릴 수 있다. 이처럼, 신뢰에 기초한 상생협력은 대·중소기업 간 거래비용을 감소시켜 부가가치를 증대시키고 대·중소기업간 양극화 해소와 경제 성장에 기여할 수 있다.

외부 기업과의 거래에서 발생되는 거래비용 이론은 대리인 이론으로 발전한다. 대리인 이론은 일을 맡기는 주인(조립업체)과 그 일을 하는 대리인(부품업체) 간의 관계를 모델화해, 대리인 문제의 발생과 이를 제어하기 위한 대리인 비용에 초점을 맞추고 있다. 대리인 문제는 대리인인 공급자가 주인인 구매 기업의 이해와 반하게 행동할 때 야기된다. 주인 입장에서 볼 때 최적의 계약은 대리인이 주인이 원하는 대로 따르고 이 과정이 비용 면에서 효율적일 때이다. 대리인 이론을 통해 신뢰수준 그리고 신뢰 구축과 이를 감시하는 시스템이 필요하다고 할 수 있고, 시스템에서 필요한 것이 바로 개방된 혁신, 생태계 경쟁력 등에 대한 공유 지식이라 할 수 있다.

제도화 이론(Institutional Theory)

제도화 이론은 거래비용이 제도적 환경에 따라 차이 난다고 주장하며 특정 제도하에서는 상생협력이 경쟁우위 창출의 원천이 되는가를 제시한다. 즉, 기업 간 거래에서 발생되는 거래비용의 결정 요인으로 왜 제도가 결정적 역할을 하는가는 노벨 경제학 수상자인 노스(1990)의 제도 정의에서 명확해진다. 제도는 인간의 상호작용으로 형성되는 사회에 적용되는 게임의 규칙이자 인간이 고안한 제약으로 인간 사이의 상호작용을 구체화하는 구조를 제공함으로써 불확실성을 감소시킨다.

제도는 공식적 제도(법, 규제 등)과 비공식적 제도(문화, 가치관, 관습, 행위, 규범 등)로 이루어지고, 상생협력이 기업 간 거래비용을 낮추고 협력을 증진시키려면 비용이 들지 않는 비공식적 제도를 더 효과적으로 활용해야 한다. 그 역할을 할 수 있는 것이 바로 신뢰 구축이다. 신뢰는 역량의 기반 위에서 이루어진다.

제도화는 기업이 중요 이해관계자에게 정당성 있다고 여겨지는 방식으로 기업의 구조를 채택하는 과정이다. 이러한 제도화 때문에 같은 산업, 나아가 국가별로 기업들이 유사한 행동 패턴을 보인다.

이 중 특히, 협력 형태는 국가별로 상이한 제도에 의해 결정되는데, 어떤 제도적 환경은 합의를 강제하는 효과적인 제도적 규칙이나 사회적 통제 장치가 있어, 거래당사자들 간의 신뢰를 촉진한다(North: 1990). 이러한 규칙·장치로 인해 일본 기업은 미국 기업에 비해 더 낮은 거래비용을 부담한다.

그러나 미국 기업은 제도적 환경에 체화된 사회적 제도를 복제하기 어렵다. 즉, 일본 기업의 경쟁우위는 일부분의 신뢰와 협력을 촉진하는 제도적 환경에서 기인하는 것이다. 제도적 환경은 전문화와 협력 수준을 결정하는 '고정적이라고 여겨졌던' 거래비용을 높이거나 낮출 수 있다.

자원의존 이론(Resource Dependency Theory)과
조직생태학(Organizational Ecology)

이 이론들은 어떤 대기업도 모든 자원을 다 가질 수 없으며, 대중소기업의 상생협력은 상호보완 또는 공생을 통해 대기업과 중소기업 모두의 경쟁우위를 확보하게 한다는 관점이다. 이 이론은 상생협력이 왜 기업 활동의 본질이 되어야 하는가를 명확히 설명하고 있다. 이 이론에 의하면, 협력을 핵심 가치관으로 갖지 못한 기업은 기업 활동이 불가능하게 된다.

자원의존 이론에 따르면 기업은 생존에 필요한 자원을 획득하기 위해 그 자원을 가진 외부 조직과 상호작용하며 그 결과 외부 조직과 의존적 관계가 발생한다.

이때, 중심 기업(핵심 조직)은 외부 환경(주변 기업)에 대한 의존성을 통제해 권력을 증대시키는 동시에 불확실성을 감소시켜 조직 유효성을 높이고자 하며, 이 과정에서 중심 기업은 상호의존성을 내부화하고자 하는 조정 메커니즘을 고려하게 된다. 따라서 기업 간에는 단순한 거래 이상의 밀착된 관계가 형성된다.

조직생태학은 기업 세계와 자연 생태계의 유사성에 주목하고 있다. 기업은 환경과의 상호작용 속에서 존재하며 개별 기업은 스스로의 힘만으로 환경에 적응하는 데 한계가 있다. 따라서 다양한 기업들이 기능적으로 통합된 시스템을 형성한다. 개별 기업은 다른 기업들과 상호경쟁적 협조나 공생적 관계를 통해 환경에의 공동적 대처를 꾀하는 집단적 전략에 참여한다. 최근에는 기업 생태계business ecosystem라는 개념을 통해 한 중심 기업이 여러 산업에 걸쳐 다른 기업들과 상호의존적으로 진화하면서 생태계의 지속성, 성장성, 다양성을 추구하는 능동적, 전략적 접근이 제시되고 있다.

자원의존 이론과 조직생태학에서 기업의 존재는 협력의 존재와 동일한 개념으로 보고 있으며, 기업에게 협력은 필요 조건이 아니라 필요충분 조건이 되어야 한다. 그리고 기업의 환경에 맞게 협력의 형태도 변화해야 하므로, 협력의 형태는 열린 혁신이 되어야 한다.

게임 이론(Game Theory)

게임 이론은 본질적으로 합리적 선택을 하는 행위자가 효용극대화, 정보 효율성, 관계 구조에 관한 일련의 가정하에서 어떻게 의사결정을 내리는가를 다룬다. 게임이론은 여러 가지 전략을 통해 협력과 배반이 주는 이익을 비교해 상생협력의 가치를 부각시킨다. 성과가 없는 게임은 이루어질 수 없으므로, 성과를 얻기 위한 게임 참가자들은 상대방이 게임할 가치가 있다는 확신을 줄 수 있는 역량을 보유하고 있어야 한다. 역량을 가진 부품 기업만이 조립업체와의 협력 게임 대상이 될 수 있다.

게임 이론은 협력이 있을 때와 없을 때 합리적 선택의 차이가 어떻게 나타나는가를 설명해준다. 게임 이론은 게임을 크게 두 가지, 즉 협력 게임과 비협력 게임으로 나누게 된다. 두 게임의 가장 큰 차이점을 보면, 협력 게임에서는 협력이 성공하기 위한 제약 조건들이 추가되고, 비협력 게임에는 제약 조건들이 없다.

협력 게임 이론은 협력 참가자들에게 협력이 성공하기 위한 제약 조건들을 사전에 알려준다. 이를테면 협력에 필요한 공유 지식을 가져야 하며, 그 가운데 하나가 신뢰 구축 및 의사소통(즉, 열린 혁신의 자세)이다. 이러한 제약 조건들은 협력을 단기간에 성공시키기 위한 조건들로 협력에 필요한 시간과 비용을 절약시켜주는 셈이다.

이를테면 협력 게임 참가자들은 자신의 이익과 상대방의 이익을 동시에 고려해야 협력에 성공할 수 있다. 반면 비협력 게임을 무한히 반복해가면 게임 참가자들이 서로의 전략, 보상 등에 대한 정보를 알 수 있게 되어 협력 게임의 결과를 얻을 수 있다.

이런 결과를 얻는 데 비협력 게임에는 상당한 시간과 비용이 투자되어야 한다.

게임 이론에서 협력을 촉진하는 세 가지 구조적 차원은 보상 패턴, 미래 그림자의 길이, 플레이어의 숫자이다. 보상 패턴 차원에서는 기업들은 혼자 할 때보다 협력할 때가 더 높은 보상이 기대될 때 협력한다. 미래 그림자의 길이란 참가자가 현재 행동과 미래 혜택 간의 관계를 얼마나 더 멀리 예측할 수 있는가를 나타낸다.

미래의 그림자가 길고 두꺼울수록 협력 가능성이 높을 것이다. 이처럼, 미래의 그림자는 반복 게임에서 협력을 예측하는 주요 변수이다.

자원 거점 이론(Resource Based View, RBV)

자원 거점 이론은 기업이 소유·통제하는 자원들이 모방과 대체가 어려우면 지속적인 경쟁우위를 제공한다고 주장한다. 이 이론은 기업 내부에서 이들 가치 있는 모방불가능 자원을 찾으며, 자원의 창출 프로세스에는 관심이 적었다. 이에 대해 전략적 네트워크나 관계적 관점은 자원 거점 이론을 기업경계 밖으로 확장해 다른 기업과의 협력 네트워크가 가치 있는 자원임을 보여주고 있다.

예를 들면, 라비 Lavie 는 상호연결된 기업들의 네트워크 자원을 포함하도록 자원 거점 이론을 확장했다. 그는 네트워크에서 공유되는 자원과 공유되지 않는 자원을 구분하고, 기업특정적, 관계특정적, 파트너특정적 요인들의 역할을 설명하고 있다.

한 기업의 네트워크는, 그 자체가 모방불가능 자산으로서 그리고 모방불가능 자원 및 능력에 접근하는 수단으로서, 모방 및 대체가 불가능한 가치를 창출한다.

이를 네트워크 자원, 사회적 자본, 관계 자산 등으로 부른다. 이처럼, 자원 거점 이론 관점에서 보면, 가치유발 자원을 창출하는 중요한 원천은 한 기업의 관계들의 네트워크에 있다.

자원 거점 이론에 따르면, 조립업체는 핵심 역량을 확장할 수 있는 부품업체를 찾게 되므로, 그런 역량에 기여할 수 없는 부품 기업은 협력의 대상이 될 수 없다.

상생협력에 참여할 수 있는 부품 기업은 지속적인 역량 진화를 통해 지속적으로 신뢰받을 수 있어야 한다.

또한 조립업체의 핵심 역량에 기여하려면, 조립업체와의 지속적인 의사소통을 통해 그들이 필요한 것이 무엇인가를 사전적으로 파악해 그에 필요한 역량을 구축해나가야 한다.

지식 창조 기업 이론(Knowledge Creating Company)

이 이론은 원래 기업 내부의 혁신 창출 메커니즘에 관한 이론으로서, 암묵지와 형식지가 상호작용하는 사회화, 외부화, 결합, 내부화라는 네 가지 '지식 전환 과정knowledge conversion processes'을 통해 새로운 지식이 창출되는 과정을 설명하고 있다.

이 이론은 또 이러한 과정을 떠받치고 성공적인 지식 창출에 이르게 하는 몇 가지 조건을 제시하고 있는데 이 조건들은 기업 간 협력을 통한 지식 창출에도 적용할 수 있다.

지식 전환 과정을 촉진하는 조건이란 목표 구체성, 자율성, 환경 탐사, 창조적 혼돈, 지식 중복을 말한다. 기업 간 공동 혁신 프로젝트에서 우선 명확한 프로젝트 목표는 상이한 조직들 사이의 행동들을 조정하며, 프로젝트 팀은 기존의 조직들로부터 독립성을 유지할 필요가 있다.

환경 탐사는 외부 환경 정보를 처리하는 능력으로 내부의 아이디어를 외부의 환경 변화 및 지식에 연결시켜 지식이 창출되도록 한다.

창조적 혼돈이란 조직의 모호성과 위기를 의도적으로 창출하는 것으로 높은 소속감을 전제로 하는 개별 조직의 혁신 창출에는 긍정적인 역할을 하지만 공동 프로젝트의 경우에는 창조적 혼돈은 오히려 의견 차를 야기해 지식 창출을 방해한다.

지식 중복이란 사람들이 서로 동일한 지식을 보유하는 정도이며, 지식 중복 수준이 높을수록 지식 이전이 촉진되어 지식 창출을 가져온다. 단, 공동 프로젝트의 경우에는 지식이 지나치게 중복되면 교환할 지식이 거의 없어 오히려 지식 창출을 저해할 수 있다.

기업 간 협력을 통해 지식의 결합, 외부화, 내부화가 일어나면, 조립업체와 중속 기업은 지식 자본을 증대시켜 핵심 역량을 발전시켜나갈 수 있을 것이다. 그리고 조립 기업과 중소기업 간 협력을 통한 지식 교류가 활성화되어 새로운 지식 창출이 활성화되려면, 우선 기업 간 신뢰 구축이 이루어져야 한다. 조립 기업은 신뢰할 수 없는 중소기업과 지식 자산을 교환하지 않을 것이다.

06

협력의 새로운 관점, 상생협력

한국이 국가경쟁력 향상을 위해 전개하는 상생협력의 이론은 〈그림 2-1〉과 같이 협력의 철학과 관계에서 발생되는 이중적 변화를 의미한다. 철학에서는 반목과 갈등에 내재된 몽테뉴적 가치관을 사회 조화를 창출하기 위한 사회통합적 가치관으로 전환하는 것이고, 이러한 철학 바탕에서 대·중소기업은 기존의 몽테뉴적 협력을 공생협력으로 전환하는 것이다.

사회통합적 상생협력이란 인간 경제 활동의 기본적 가정인 기회주의를 최소화하는 인간의 행동이 나타나야 한다. 기회주의란 속임수를 써서라도 단기적으로 자신의 이익을 추구하는 전략적 행동을 의미하며 일반적으로는 오도, 왜곡, 혼란을 조장할 목적으로 정보를 선택적으로 또는 왜곡해 유통시켜 자기의 이익을 추구하는 것을 말한다[12].

대표적 행태로 부정직 행동dishonesty, 배신 행동infidelity, 태만 행동shirking

등이 있다[3]. 기업가들이 대·중소기업 간 공생협력관계를 구축할 수 있는 사회통합적 철학의 공유 지식 확산은 국가의 중요한 역할이 될 것이다.

대기업의 중소기업에 대한 상생협력적 행동은 우월한 시장 지배력을 이용한 기회주의를 자제하는 행위에서부터 시작된다. 몽테뉴적 협력의 구체적 형태로는 중소기업에 대한 일방적 거래 단절 행위(배신 행동) 자제, 중소기업의 기술 탈취 행위(부정직 및 태만 행동) 자제, 대기업 자구 노력, 충분한 협의 없이 일방적 납품단가의 인하(태만 행위) 자제 등이 있다.

대기업들이 자기의 생존 기반이 되는 중소기업을 일방적으로 착취만 하다가는 결국 생존 기반을 상실하고 자멸할 수도 있다. 예를 들어 대기업의 단기적인 이윤 극대화 추구는 대·중소기업 간 기술 고리의 기업 생태계를 깨어버리기 쉽다. 반면 기업 생태계의 틀 속에서 부품업체들을 키움으로써 부가가치 생태계의 고리를 강화시킨다면 생태 비즈니스 시스템은 더욱 건강해질 것이다.

대기업과 중소기업이 단기적인 이윤 극대화를 추구하는 경우 중소기업의 생존 기반이 붕괴되어 기업 생태계의 위기를 초래할 수 있지만,

그림 2-1 상생협력의 관점

	대·중소기업의 기존 협력	대·중소기업의 상생협력
철학	몽테뉴적 가치관	사회통합적 가치관
협력관계	몽테뉴적 협력 ('나 살고 너 죽고' 유형의 협력)	공생협력 ('나도 살고 너도 살고' 유형의 협력)

중장기적 이윤 극대화를 강조하는 상생협력은 중장기적 관점의 기업 생태계를 보존하고 진화해가기 위한 상호협력이다.

따라서 상생협력이란 대기업이 혁신 역량을 보유하고 있는 중소기업을 발굴하고 지원함으로써 장기적으로 기업 생태계를 가꾸어 지속가능한 성장 기반을 구축해가는 것이다.

결국 대·중소기업 간 상생협력이란 기업 생태계를 살리는 수단이 되어야 한다.

최종 소비재 제품의 기술 환경이 복잡해질수록 어떤 대기업도 혼자 모든 부품을 생산할 수가 없다. 그래서 기업의 영역은 개별 기업만이 아니라 공급자와 유통업체가 네트워크로 통합된 확장 기업extended enterprise으로 발전하며 여기에 이해관계자나 경쟁업체가 포함되어 기업 생태계를 구성하게 된다. 따라서 기존의 경쟁 구조는 개별 기업 차원에서의 개별 기업 간 경쟁 전략이 중심이 되었지만, 기업 생태계 간 경쟁에서는 기업 간 상생협력을 바탕으로 만들어가는 기업 생태계 전체에서의 경쟁력이 강조된다.

기업 생태계 간 경쟁에 있어서 경영 전략의 핵심은 기업 간 가치사슬value chain의 고리 강화와 경쟁우위로 요약할 수 있다. 이 두 가지 핵심 개념을 반영하면서 기업 간 관계를 전략적으로 연구하는 경영학 이론은 공급사슬 관리supply chain management: SCM라는 이름으로 발전되고 있다. 공급사슬 관리는 필요한 부품이 적시에 적절한 원가로 공급될 수 있도록 관리하는 기업 간 협력과 조정 메커니즘을 강조하는 전략 행위이다.

이를 위해 중소기업과 대기업들은 새로운 지평을 향해 함께 가는 긴 여행을 떠나야 한다. 신뢰를 바탕으로 기회주의 행동을 자제하고 장기적 관점에서 상리공생의 기업관계를 만들어가야 한다.

대기업과 중소기업은 표면적으로는 가격을 놓고 경쟁을 하고 있지만 내면적으로는 조직 역량을 키우기 위해 협력하고 있다. 대기업은 중소기업의 역량 개발을 지원하고 중소기업은 주인의식을 가지고 역량 개발을 통해 기업 생태계의 부가가치를 높일 수 있도록 노력해야 한다.

기업 간 상생협력이 성공하려면

상생협력은 서로 다른 이해당사자들인 참가자들이 협력을 하는 것이기 때문에, 상생협력을 위한 지원 정책은 협력이 지속될 수 있는 환경을 구축해주는 것이 중요하다.

상생협력이 성공하려면, 〈그림 2-1〉과 같이 이론적으로 두 가지 요소가 필요하다. 하나는 협력이 될 수 있도록 몽테뉴적 오류에서 벗어나는 사회통합적 철학을 가지도록 해야 하고, 또 하나는 상생협력의 원리에 대한 지식을 이해해야 한다.

상생협력의 철학을 이해하고 협력 게임의 구성 요소를 이해하는 것이 바로 상생협력의 원리에 대한 이해라 할 수 있다. 구성 요소는 참가자, 부가가치, 규칙, 전술 및 범위 이렇게 다섯 가지로 이루어진다.

상생협력 참가자는 대기업, 중소기업뿐만 아니라 정부, 국회로 구성되어야 한다. 기업에서 상생협력이 자생적으로 이루어지는 데는 상당한 시간이 소요되지만, 정책적 지원이 체계적으로 이루어진다면 그 시간을 단축시킬 수 있을 것이다. 이러한 상생협력은 민간 부문의 자발적 노력만으로는 체계적이고 성공적인 추진이 어려운 것이 사실이기 때문이다.

상생협력의 부가가치는 상생협력의 존재가치라 할 수 있으며 부가가치를 창출할 수 없는 협력은 비용만 발생하므로 처음부터 시작할 필요가 없다. 현재 대·중소기업의 주요 이슈인 납품 가격의 문제 해결, 수탁 중소기업의 기술 보호, 수탁 기업체 협의회의 혁신 등을 통해 부가가치를 창출해낼 수 있다. 그러나 대기업과 중소기업 사이에 부가가치 창출에 대한 입장이 서로 다를 수 있다. 이를테면 중소기업 중에는 상생협력을 해도 부가가치 창출을 할 수 없는 기업도 있고 능력은 있지만 부가가치 창출을 기대하지 않아 상생협력을 시작할 동기부여가 되지 않은 기업 등 다양한 형태의 기업이 존재한다.

마찬가지로 대기업 입장에서도 현재 수준의 기업 간 거래에서 상생협력으로 패러다임을 바꿀 때 과연 부가가치가 발생할 수 있는지에 대해 회의를 가질 수 있다. 상생협력을 통해 지속적으로 부가가치를 창출할 수 없다면 그런 상생협력은 가치를 인정받기 어렵다.

현재 대기업과 중소기업이 상생협력을 하는 데 필요한 규칙이 없어, 이에 필요한 규범·제도의 제정자로서 정부와 국회의 역할이 중요하다. 그리고 시간을 두고 대기업과 중소기업은 상생협력을 위한 비공식적 규칙의 제정도 필요한 시점이다. 협력은 당사자 간의 자유의지로 결정되지만, 정부와 국회는 대·중소기업의 시장의 실패를 효과적으로 보완해나가면서 협력할 수 있는 정책을 제시함으로써 협력과 시장 원리가 서로 조화될 수 있도록 해야 한다.

상생협력이 성공하기 위해서는 전략이 필요하다. 전략은 다른 참가자들의 인식을 형성하기 위해 참가자들이 취하는 행동을 의미한다. 즉, 참가 상대방들에 대한 인식을 의미하는 것이다. 인간 행위에 대한 동기가 되는 것이 바로 세상 사람들에 대한 인식이므로, 사람들이 인식을 바꾸면 시장 환경을 바꿀 수 있다.

대기업과 중소기업 간의 협상에서 인식은 왜 중심적인 역할을 하게 되는가?

대기업과 부품을 공급하는 중소기업 사이에는 서로 상이한 견해를 가지는 경우가 많다. 대기업은 자기가 제공하는 상품의 부가가치를 자신들의 힘으로 이루어냈다고 생각할 수 있고, 부품업체는 자신들의 노력으로 만든 부품으로 대기업이 그러한 부가가치를 만들었다고 생각할 수 있다.

이러한 인식의 차이는 어떻게 해결할 것인가? 어떤 합의를 이끌어내기 이전에, 먼저 대기업과 중소기업의 인식의 차이를 해소하는 데 힘을 써야 한다. 이러한 문제는 바로 인식의 영역에 해당된다. 인식의 문제에서는 인식 자체가 문제가 된다.

기업 간 상생협력에는 범위가 있다. 범위가 정해지지 않으면 일이 복잡해지고 협력에 필요한 인적 및 물적 자원이 너무 많이 소요되므로, 협력을 이루어낼 수가 없다.

필요한 협력의 범위가 적을수록 가시적 협력은 더 쉬워진다. 또한 협력은 개별적으로 따로 떼어내어 생각하기보다 대기업과 중소기업이 더 많은 부가가치를 창출하는 것과 관련성을 가지고 추진될 필요가 있다. 부가가치 창출과 관련성이 없는 범위에서의 상생협력은 성과의 부재로 실패할 가능성이 높다.

상생협력은 한국 기업의 새로운 경쟁력 원천을 개발해 국가경쟁력을 업그레이드하는 데 필수적 요소이다. 하지만 이는 우리 사회에서 이제 새롭게 시작되는 패러다임이므로 처음부터 완벽할 수는 없을 것이다.

그 제도가 성공하기 위한 핵심 요소는 실행 과정에서 발생되는 시행착오를 어떻게 잘 수정해나가느냐이다. 사회가 시행착오를 비난만 할 것이 아니라 포용해줄 수 있어야 상생협력 제도가 성과를 낼 수 있다. 협력은 성공의 역사가 아니라 실패의 역사라고 한 버나드의 지적을 항상 명심하자.

상 생 경 영

2

상생협력의 이론적 틀과 발전 모델

01

상생협력의 이론적 틀

시장 수요의 다양성과 변화 속도의 증가, 기술의 복잡성과 기술 수명의 단축 등은 기업 행동에 큰 변화를 야기하고 있다. 이제 기업은 혼자가 아니라 다양한 기업들과의 역할 분담을 통해 상호유기적으로 통합된 시스템 상품을 생산·판매한다는 관점이 일반화되었다. 이에 따라 경쟁의 개념도 개별 기업 간 경쟁에서 가치사슬 차원에서의 경쟁으로 변화했다. 이렇게 독립적 관점에서 가치사슬 차원으로 확장된 기업 개념이 점차 가치사슬 네트워크 개념으로 변화했으며, 최근에는 보다 진보되고 확장된 개념으로서 기업 생태계라는 용어가 확산되고 있다.

가치사슬 네트워크란 가치사슬상에서 서로 밀접한 연계관계를 가지고 가치부가 파트너십value-adding partnership을 형성해 공동으로 활동하는 기업 간 네트워크를 말한다. 이러한 개념하에서는 어떤 기업도 고독한 섬이 될 수는 없으며, 공급사슬 선상에서 다양한 기업들이 효율적으로 상호결합되어 움직인다. 각 기업들은 최종 소비자의 욕구 충족을 위해 시스템 통합을 전제로 한 공급사슬에 의해 연결되며, 이러한 연결 구조를 통해 여러 기업들이 하나의 확장된 기업 생태계를 형성하게 한다.

MIT 경영대학에서 공급사슬 관리 연구를 이끌어가고 있는 파인[C. Fine] 교수는 개별 기업의 경쟁력은 '제품 개발, 조립 생산, 공급사슬'의 3대 축[14]으로 시작된다고 주장한다.

공급사슬은 역량들의 사슬, 조직들의 사슬, 기술들의 사슬이라는 세 가지 사슬로 구성되어 있다[15]. 역량사슬을 위해서는 역량 있는 부품업체를 선발하고 육성하는 과제, 조직사슬을 위해서는 조직 간 상호의존성을 높이고 몰입과 신뢰 수준을 높이는 과제, 기술사슬을 위해서는 기술의 개발과 혁신이 지속적으로 이루어질 수 있도록 하는 과제로 요약할 수 있다.

이러한 주장을 바탕으로 '부품업체의 핵심 역량 구축, 기업 간 신뢰 구축, 열린 혁신의 기업 생태계' 이 세 가지를 중심으로 대·중소기업 간 상생협력의 새로운 지평을 여는 상생협력 발전 모델을 제안하고자 한다.

대기업과 중소기업의 협력이란 공급사슬의 영역이다. 공급사슬의 경쟁력 차원은 역량들의 사슬[a chain of capabilities], 조직들의 사슬[a chain of organizations], 기술들의 사슬[a chain of technologies]이라는 세 가지 사슬 가닥으로 구성되어 있다[16]. 효율적인 공급사슬 관리는 적절한 부품이 적절한 원가로 적시에 공급되어 품질·비용·운송[QCD: quality-cost-delivery] 측면에서의 바람직한 성과를 이룩할 수 있게 한다. 경쟁력 위계 구조와 그 구성 요소를 바탕으로 대·중소기업 간 상생협력의 이론적 틀을 도식화하면 〈그

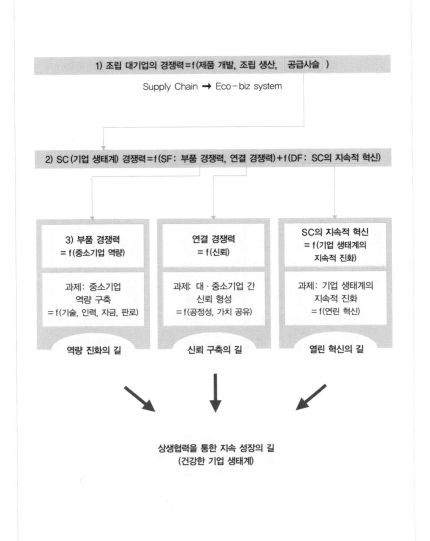

그림 2-2 경쟁력의 위계 구조와 대·중소기업 간 상생협력의 이론적 틀

1) 조립 대기업의 경쟁력=f(제품 개발, 조립 생산, 공급사슬)

Supply Chain ➡ Eco-biz system

2) SC (기업 생태계) 경쟁력=f(SF : 부품 경쟁력, 연결 경쟁력)+f(DF : SC의 지속적 혁신)

3) 부품 경쟁력 = f(중소기업 역량)	연결 경쟁력 = f(신뢰)	SC의 지속적 혁신 = f(기업 생태계의 지속적 진화)
과제: 중소기업 역량 구축 = f(기술, 인력, 자금, 판로)	과제: 대·중소기업 간 신뢰 형성 = f(공정성, 가치 공유)	과제: 기업 생태계의 지속적 진화 = f(연린 혁신)
역량 진화의 길	신뢰 구축의 길	열린 혁신의 길

상생협력을 통한 지속 성장의 길
(건강한 기업 생태계)

림 2-2〉와 같다.

첫째, 역량사슬 과제를 위해서는 부품업체의 핵심 역량이 강화되어야 한다. 주요 이론으로는 헬퍼S. Helper의 권고-퇴출Voice-Exit 전략 이론 및 바니J. Barney의 핵심 역량 이론 등이 있다.

둘째, 조직사슬 과제를 위해서는 부품업체의 핵심 역량뿐만 아니라 핵심 역량의 효율적 연결이 이루어지도록 하는 조직 간 상호의존성을 높여주는 몰입 및 신뢰관계가 중요하다. 이것과 관련해 와튼스쿨의 맥더피 교수나 옥스퍼드 대학의 마리 사코 교수 등의 신뢰 이론 등이 있다.

셋째, 기술사슬 과제를 위해서는 기술 혁신과 개선이 끊임없이 이루어져야 한다. 이를 위해서는 내부적 개선 노력뿐만 아니라 끊임없이 창조되고 있는 외부의 혁신 역량을 수용할 수 있는 열린 혁신의 기업 생태계가 중요하다. 이러한 이론으로는 하버드 대학의 이안시티, 노나카의 지식 창조 기업 이론 등이 있다.

02
상생협력을 위한 방법

앞의 〈그림 2-2〉은 대·중소기업 상생협력의 세 가지 과제(what)와 이 과제를 해결할 수 있는 세 가지 방법(how) 즉, 역량 진화의 길, 신뢰 구축의 길, 열린 혁신의 길을 제안하고 있다.

건강하고 지속가능한 기업 생태계를 비전으로 하는 대·중소기업 상생협력을 위한 세 가지 길, 역량 진화의 길, 신뢰 구축의 길, 열린 혁신의 길은 다음과 같다.

첫째, 역량 진화의 길은 부품업체의 역량을 키워서 명품의 신화를 만들어가는 것이다.

도요타 자동차의 높은 내구성 뒤에는 고품질의 부품들이 있었다. 반면 벤츠 자동차의 경우 브레이크 장치의 결함으로 2005년에 130만 대를 리콜하기도 했다. 벤츠사는 이로 인해 심각한 경영상의 위기를 맞이하기도 했는데 아무리 경쟁력 있는 기업이라도 사슬 중 하나에 문제가 생기면 이처럼 전체의 위기를 맞이할 수도 있음을 알 수 있다.

최근의 대기업과 중소기업의 수익성의 격차는 더 이상 자본장비율의 격차가 아닌 사람 역량의 격차에 기인하고 있다는 분석이 나오고 있다. 혁신 역량을 갖추고 있는 중소기업은 매출액 순이익률이 5.1%로 일반 기업의 3.6%보다 높다[17]. 이 수치에서 확인할 수 있듯이, 대기업과 중소기업의 격차는 규모 때문이 아니라 학습 사회로 진입한 대기업 사람 역량과 아직 이에 이르지 못하고 있는 중소기업 사람 역량의 격차가 그 원인이라 할 수 있다.

포터M. Porter의 국가 발전 과정에 따르면, 노동주도형 경제에서 혁신주도형 경제로 이행함에 따라 과거의 원가 경쟁에서 기술과 사람이 주도하는 가치지향형 경쟁으로 이행되게 된다. 대기업은 이미 학습 중심 사회로 진입했으므로 상생협력은 중소기업도 학습 중심 사회로 진입할 수 있도록 지원하는 것이며, 중소기업 역량 진화의 길은 이들의 혁신 역량을 진화시켜 부품 경쟁력을 높이고자 하는 길이다.

결국 중소기업의 역량 진화는 중소기업을 학습 중심 경제로 이끌어가자는 것이다. 한마디로 사람의 문제이다. 사람이 기업의 역량 진화에서 가장 중요한 조정자moderator 역할을 하기 때문이다. 중소기업의 사람을 키워서 이들이 중소기업의 경쟁력을 견인해가도록 지원하는 것이다.

그럼 어떻게 하면 중소기업을 학습 사회로 진입시킬 수 있을까? 기술 역량을 중심으로 한 역량 진화를 위해 중소기업에 대한 지속적인 교육 기회와 지원이 필요하며, 그 외에 학습조직화, 제안 제도의 활성화 등 학습 공동체 형성 등이 효과적일 수 있다.

둘째, 신뢰 구축의 길은 명품 부품이 대기업의 최종 제품에 최소의 거래비용minimum transaction cost으로 투입될 수 있도록 하는 연결 경쟁력 제고의 과제를 해결하는 것이다.

기업 간 연결 경쟁력은 조직사슬[18]의 가닥을 키우는 길이며, 이때 신뢰는 기업 생태계의 고리로 조직 간 상호연결성을 높이며 조정과 통제 메커니즘 역할을 하는 핵심 변수이다[19].

사회적 자본으로서의 신뢰

노벨 경제학상을 수상한 애로우[K. Arrow] 교수가 주장한 것처럼 '윤활유 역할'을 하는 신뢰는 거래비용을 최소화시키는 요인이 되기도 한다. 만일 대기업의 기회주의적 경영을 공정거래와 비전 공유를 통한 상생경영으로 전환하게 되면 거래비용이 줄어들고, 관계특정적 투자가 증가하며, 장기적 협력관계가 활성화될 것이다. 그 결과 기업 간 연결 경쟁력은 향상된다.

사회적 자본으로서의 신뢰는 이제 사회나 조직의 경제적 성과를 이해하는 데 필수불가결한 개념으로, 국가의 경쟁 능력과 번영 창출의 요소로 인식되고 있다[20]. 특히 후쿠야마는 국가의 경쟁력이 사회의 신뢰 수준에 의해 결정된다고 주장하고 신뢰의 부재를 경제적 후진성 혹은 저개발 상태로까지 인식, 신뢰를 사회나 조직의 성과를 이해하는 데 필수적인 요소로 다루었다.

대·중소기업 간 신뢰 구축의 실패 사례를 보면, 대기업의 단기 위주 경영으로 인해 불공정거래가 많아지고 이로 인해 중소기업과 가치 공유에 실패하는 경우가 대부분이다. 상호 신뢰가 저하되면 거래비용이 늘어나게 되며, 관계특정적 투자를 감소시켜 중소기업의 기회주의를 자극하게 되므로 그 결과 기업 간 연결 경쟁력이 저하된다. 결국 대기업이 중소기업에 대해 단기적으로 접근한 결과 나타나는 기회주의적 행동이 신뢰관계를 저하시키고 도덕적 해이를 심화시켜 거래비용이 높아지는 악순환 모형이 발생한다.

후쿠야마 교수의 지적처럼 높은 신뢰는 공유된 가치에서 나오며, 가치의 공유를 가능케 하는 커뮤니케이션과 비전 공유, 공동 개발, 성과 공유의 활성화가 필요하다. 기업 간에 신뢰 수준이 높아지면 서로의 경험을 공유하고 연결하는 효과가 높아진다.

도요타의 경우 협력을 통해 높은 기술 경쟁력뿐만 아니라 원가 경쟁력을 확보했으며 부품업체와의 협력이 원가절감의 원동력으로 인식되고 있다.

도요타는 부품업체와 제품개발 컨셉트 단계에서부터 협력해 연평균 1,000억 엔 이상의 원가절감 효과를 달성했고, CAD, V-Comm, CAE 등의 IT기술을 적극 활용한 개발 공정 효율화로 원가절감의 80% 이상을 설계 개선에서 달성하고 있다.

도요타 협력업체들도 신뢰 기반의 공동 개발을 통한 공진화를 추구하는 도요타의 연구 개발 철학을 공유하고 있으며 안정적 수익 창출 능력과 기술력을 보유하고 있다. 도요타 부품업체들은 도요타 자동차와 유기적인 연구협력 관계를 구축하고 있고, 특히 공급자의 제품 개발 참여가 두드러진다. 도요타 협력사의 공동 특허 건수는 1,500건에 달한다. 반면 닛산은 경영 위기 이후 경쟁 입찰 중심의 부품 공급에만 치중함으로써 협력사의 이익률은 낮아지고 있으며, 공동 특허 건수도 줄어들고 있다.

셋째, 열린 혁신의 길은 기술사슬[21]의 가닥을 키워 기업 생태계를 계속 진화시키는 길이다.

진화하지 않는 기업 생태계는 생존할 수 없다. 비극을 피하는 길은 계속 진화하는 것이다. 기업 생태계의 경쟁력은 열린 혁신 네트워크의 함수로 외부의 혁신 역량을 수용할 수 있는 열린 혁신의 기업 생태계가 필요하다.

열린 혁신을 위한 상생협력에 실패한 사례를 살펴보면, 단기 위주 경영과 조직 내부의 관성이 현재 상태에 안주하려는 경향이 많으며 새로운 변화에 대해 저항적이었다. 그 결과 외부 혁신에 대해 둔감해지게 되고 외부 혁신 수용을 위한 미래 경쟁력 투자를 소홀히 하게 된다. 이에 따라 대기업의 공급사슬 경쟁력도 장기적으로 감소하게 된다.

토인비Toynbee가 자주 언급한 북해에서 잡은 청어를 싱싱하게 런던으로 운반하기 위해 메기를 한 마리 넣은 어부의 이야기를 생각해보자. 메기를 한 마리 넣었더니 수조 안의 청어들이 메기에게 잡아먹히지 않기 위해 열심히 헤엄쳐 다니느라 싱싱한 상태로 먼 거리를 운반할 수 있었다는 것이다. 즉 안정적이고 폐쇄된 환경보다는 다양한 혁신을 추구할 수 있는 개방된 환경이 경쟁과 협력을 통해 경쟁력을 높일 수 있다는 것이다.

무어Moor가 그의 저서 『경쟁의 종말』에서 기업 생태계와 공동 진화를 예견한 것도 같은 맥락으로 이해할 수 있다. 무어는 하와이 생태계와 남미-북미를 잇는 코스타리카 생태계를 비교했는데, 섬으로 고립된 하와이보다 치열한 경쟁이 존재했던 코스타리카 생태계가 변화에 뛰어난 경쟁력을 갖고 있었다. 코스타리카 생태계는 치열한 생존 경쟁을 치루었기 때문이었다.

내부 혁신만으로는 한계가 있다. 1990년대 초반 포춘 선정 100대 기업 중 75%가 성장 동력을 찾기 위해 사내 벤처를 설립했으나 '조직 내부의 관성의 법칙'이 작용해 사내 벤처가 기획한 사업을 모기업이 채택한 경우는 5% 미만에 불과했다는 사례는 내부 혁신의 한계를 여실히 보여준다.

반면 인텔의 경우는 인텔 펀드를 통해 혁신 동력을 가진 기업을 발굴하고 지분투자를 통해 열린 혁신을 시스템화함으로써 높은 성장을 이어가고 있다.

이제 연구 개발은 개별 주체 혼자만의 역할에 머무를 수 없다. 주변 수요업체 및 연관업체 등과의 사전 협의나 흥정을 통해 공동의 가치 창출을 해야 한다.

이 같은 환경을 앞서 만들어놓은 대표적인 기업이 도요타 자동차다. 도요타 클러스터 내에는 '게스트 엔지니어링Guest Engineering'제도와 '부품업체 주도적 설계 방식(승인도 방식)'을 통해 보이지 않는 지식, 이른바 '암묵지(暗默知)'의 영역이 구축되어 있다. 이러한 제도를 통해 도요타 자동차와 부품업체 간 상호 지식의 학습과 축적이 이루어지고 있다.

이를 볼 때 클러스터 형성과 발전에는 연구 개발 조직 및 학습 과정이 가장 중요한 성공 요인으로 작용한다고 할 수 있을 것이다. 그래서 성공하는 산업 클러스터 내에는 연구 개발을 주도할 수 있는 대학이나 연구소들이 반드시 함께 한다는 특징이 있다.

미국 동부 보스턴의 128번 순환도로에 있는 MIT 대학, 서부의 실리콘밸리에 있는 스탠퍼드 대학, 도요타 시에 있는 도요타 기술연구센터 등이 대표적 경우이다.

21세기는 외부 혁신 역량을 수용할 수 있는 열린 혁신의 기업 생태계를 필요로 한다. 기술 혁신은 창조성을 키워가는 과정이며, 지식 창조의 조직문화와 외부 혁신을 수용하는 열린 혁신 네트워크에 의해 이루어진다.

우리나라의 대기업과 중소기업은 현재의 닫힌 수직형 기업 생태계에 미래의 열린 수평형 기업 생태계를 혼합한 모습으로 변화해야 한다.

03

상생협력 발전모델

부품 경쟁력, 연결 경쟁력, 열린 혁신 경쟁력을 위해서는 중소기업의 역량 진화의 길, 신뢰 구축의 길, 열린 혁신의 길을 닦아가는 노력이 필요하다.

공급사슬 경쟁력 확보를 위한 과제로 도출된 것이 바로 역량 진화의 길, 신뢰 구축의 길, 열린 혁신의 길 등 세 가지이다.

대·중소기업 상생협력은 다름 아니라, 공급사슬의 경쟁력을 강화하여 지속가능하고 건강한 기업 생태계 건설이라는 비전을 실천해가는 것이다.

그러므로 상생협력의 성공 모델은 기업 생태계의 상생협력 고리가 튼튼하게 연결되어 있는, 건강하고 생산성이 높으며 지속가능한 생태계의 모습을 보여야 한다.

또한 상생협력의 성공 모델은 장기적 관점에서 신뢰가 충만하며, 열린

그림 2-3 기업 생태계의 상생협력 성공 모델

글로벌 경쟁 심화

단기적 사고
↓
멀리 보는 상생경영

대기업의 납품단가 인하 ➡ 대기업의 상생협력 투자

연구개발비 저하,
임금 인하, 비정규직 양산,
투자 감소, 생산성 저하,
마케팅 능력 저하
➡
기술 지원 투자,
인력 개발 투자,
투자 확대, 생산성 향상,
마케팅 능력 확대

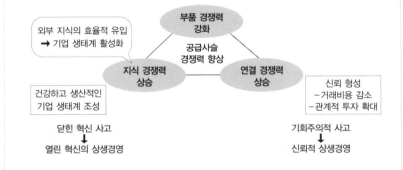

부품 경쟁력
강화

외부 지식의 효율적 유입
➡ 기업 생태계 활성화

공급사슬
경쟁력 향상

지식 경쟁력
상승

연결 경쟁력
상승

신뢰 형성
－거래비용 감소
－관계적 투자 확대

건강하고 생산적인
기업 생태계 조성

닫힌 혁신 사고
↓
열린 혁신의 상생경영

기회주의적 사고
↓
신뢰적 상생경영

혁신으로 지식 유입에 열려 있는 상생협력의 생태계라 할 수 있다.

이러한 기업 생태계의 상생협력 성공 모델을 살펴보면 다음 〈그림 2-3〉과 같다.

대기업과 중소기업의 공급사슬관리는 효율성과 반응성을 목표로 한다. 공급사슬이 효율성에 초점을 두느냐 반응성에 초점을 두느냐에 따라 '효율적 공급사슬Efficient SCM'과 '반응적 공급사슬Responsive SCM'로 나뉜다.

효율적 공급사슬에서는 비용과 가격을 중시하며, 반응적 공급사슬에서는 공급사슬상에서 수요에 대응하는 스피드와 탄력적인 대응 등의 태도를 중시한다.

효율성이 좋은 공급사슬을 만들어가기 위해서는 공급사슬에서 만들어지는 제품의 가격 대비 품질이 좋아져야 한다. 반응성이 높은 공급사슬을 위해서는 기술 공동 개발이나 상황 변화에 탄력적으로 대응할 수 있어야 하며 신속하고 적시적인 공급이 가능해야 한다.

반응적 공급사슬 관리는 도요타가 대표 유형으로 비표준화된 제품의 경우와 장기적 성과에 유리하며, 해외소싱보다 반응성이 중요할 때 적합하다.

효율적 공급사슬 관리는 GM이 대표 유형으로 표준화된 제품의 경우와 단기적 성과에 유리하며, 반응성보다는 해외소싱을 통해 실현할 수 있는 비용 절감의 효율성이 중요할 때 적합하다.

우리나라 기업의 경우는 어느 한쪽을 선택하기보다는 반응성과 효율성을 동시에 모두 추구하는 것이 바람직하다.

대기업과 중소기업이 상생협력을 통해 추구하는 기업 생태계에서의 성과는 다음의 다섯 가지 요소가 결합된 'QCD-RT'이다. 즉 적정한 품

그림 2-4 대·중소기업 간 상생협력의 기대 효과— 'QCD-RT'

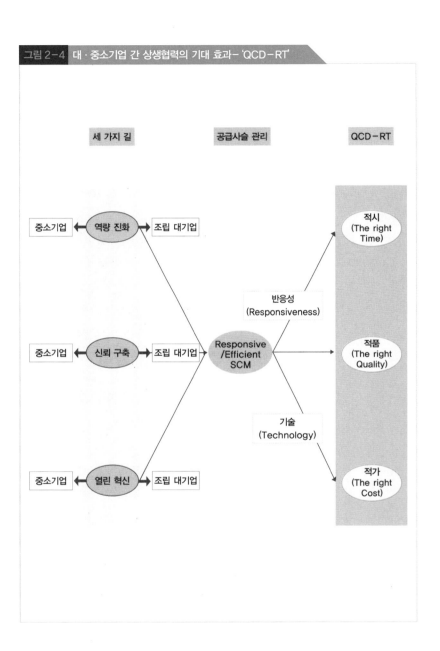

질$^{Q: quality}$, 절감된 비용$^{C: cost}$, 빠른 운송$^{D: delivery}$, 그리고 빠른 반응성$^{R: responsiveness}$, 기술 개선 효과$^{T: technology}$이다.

대기업과 중소기업 간 역할의 분업 구조는
저비용, 품질, 가치 제안 능력으로 진화해가고 있다.
즉, 과거 비용 경쟁력의 시대에는 임금의 이중 구조가 중소기업 생존의 기반이었으며,
품질 경쟁력의 시대에는 중소기업의 품질 능력이 생존의 기반이었다.
그러나 현재의 가치 제안 경쟁력의 시대에는 중소기업의 가치 제안 능력이 기업 생존의 기반이 된다.
중소기업도 이제는 보유하고 있는 콘텐츠 내용의 싸움이다. 더 이상 저기술 저비용으로는
매력적인 중소기업이 될 수 없다. 대기업은 기업 생태계의 리더로서 생태계 참가자인
중소기업들이 제 역할을 할 수 있도록 지원하고 혁신 창출을 위한 다양한 동기를 제공해야 한다.

相生經營

3부

상생협력의 세 가지 길

역량 진화의 길

신뢰 구축의 길

열린 혁신의 길

상 생 경 영

1

역량 진화의 길

01

권고 –퇴출 이론

잭 웰치^{Jack Welch} GE 전 회장은 "지구적 차원의 경쟁에서 가장 의미 없는 성공은 모든 것을 혼자 해결하는 것²²⁾"이라고 했다.

건강하고 지속가능한 기업 생태계를 비전으로 하는 대·중소기업 상생협력 모형에 있어서 핵심 콘텐츠는 부품 경쟁력, 연결 경쟁력, 가치 혁신 경쟁력이다.

이 세 가지 콘텐츠가 대·중소기업 상생협력의 세 가지 길이다. 부품 경쟁력 확보를 위해서는 기술, 인력, 자금, 판로 측면에서 중소기업의 역량 개발이 필요하며, 연결 경쟁력 확보를 위해서는 공정성과 가치 공유를 통해 대기업과 중소기업 사이의 신뢰 형성이 필요하고, 가치 혁신 경쟁력을 위해서는 열린 혁신 체계를 통해 지속적으로 내면적 지식 창조와 외부의 기술과 혁신을 수용하는 노력이 필요하다.

물리적 상생의 조건은 역량 개발의 길을 통해, 정신적 상생의 조건

(소통의 조건)은 신뢰 구축의 길을 통해, 상생 선순환의 조건은 열린 혁신의 길을 통해 개선해갈 수 있을 것이다.

명품 부품은 어떻게 만들어지는가?

역량 진화의 길은 부품업체의 역량을 키워서 명품의 신화를 만들어 가는 것이다. 역량 진화의 길은 역량들의 사슬 가닥을 키우는 길이다. 명품 신화 뒤에는 명품 부품이 있기 때문이다. 도요타 자동차의 높은 내구성 뒤에는 뛰어난 품질의 부품이 있었다.

1980년대와 1990년대 초, 당시 일본 자동차업체는 세계에서 가장 고장이 적고, 생산성은 가장 높으며, 신 모델을 가장 빠르게 도입한다는 평가를 받았다. 이러한 성과의 원인으로 일본식 생산 방식, 그중에서 특히 부품업체와 완성차업체 간 상호밀접한 협력관계가 주목을 받게 되면서 그에 대한 많은 연구들이 진행되었다.

역량 진화의 길은 헬퍼 교수의 권고 전략[23]을 기반으로 하고 있다. 권고-퇴출 이론은 헬퍼가 허쉬만[24]의 개념을 토대로 일본과 미국의 자동차 산업에 있어 이러한 완성업체와 부품업체 간 관계 분석을 통해 발전시킨 이론이다.

헬퍼 교수의 권고-퇴출 이론은 부품 기업이 장기적인 관점에서 핵심 역량이 강화되도록 육성하는 권고 전략과 시장에 의해 부품 기업을 교체하는 퇴출 전략으로 분류하고 있다.

우리의 많은 중소부품업체들이 낮은 수익성으로 허덕이고 있다. 이러한 중소부품업체를 시장에서 퇴출할 것인가? 아니면 육성할 것인가?

헬퍼의 연구에 의하면, 기업 생태계의 관점에서 보면 양자의 전략 중 가격을 기준으로 아웃소싱하는 퇴출 전략보다 부품업체의 핵심 역량 육성을 중시하는 권고 전략이 효율적인 경우가 많았다.

실제, 미국의 완성업체들은 그들의 부품업체와의 의사소통 수준이 낮았고 거의 협력이 이루어지지 않았으며, 1980년대 이후 장기 계약을 확대해왔지만 여전히 일본에 비해 낮은 수준에 머물고 있었다. 이에 비해 일본의 권고 전략은 단기적 사고를 멀리 보는 장기적 사고로 바꾸어 중소기업의 혁신 역량을 지원하면 중소기업의 기술력, 인력의 질이 높아지고, 설비투자로 생산성이 향상될 것이며, 결국 조립 대기업의 경쟁력 제고에도 기여하게 될 것이다.

퇴출 전략에서 권고 전략으로

중소기업들이 대다수를 차지하는 부품·소재 업체들은 대기업인 조립업체에 비해 기술력이 취약하고 조립 기업에 의존하는 것이 일반적이었다. 이러한 중소 부품·소재 업체들을 보호하고 육성하는 것이 조립업체의 몫이었으며, 위험 분담 이론에서처럼 부품·소재 업체의 위험을 조립업체가 부담하는 형태의 거래관계가 형성되고 있었다.

하지만 최근 시장 수요의 다양성 심화와 변화 속도의 증가로 인해 기업들은 기술의 복잡성 증대와 기술 수명 단축에 직면하면서 기업 단독이 아닌 다양한 기업들과의 역할 분담을 통해 상호유기적으로 통합된 시스템 상품을 제공해야 한다는 것이 일반화되었다. 그래서 조립업체들은 부품·소재 업체에 대해 일반적인 지원이 아닌 상호 간 협력의 필요성을 요구하고 있다.

이는 과거에 비해 조립업체와 부품·소재 업체의 관계가 보다 대등한 관계로 지향하는 것으로 볼 수 있으며, 이러한 현황에서 부품·소재 업체가 협상력을 강화하고 나아가 자신을 통한 조립업체의 시장 경쟁력을 높이기 위해서는 핵심 역량의 육성이 중요한 전략이 될 수밖에 없다.

완성업체가 왜 특정 부품업체와 권고 전략 관계를 유지하고 있는가? 왜 다른 업자와는 그렇지 않은가? 사코와 헬퍼는 권고 전략의 결정에 있어서 시장 전략적 특성을 가장 중요한 요인[25]으로 꼽았다.

실제로 미국의 경우 일본의 소형 승용차가 진출하기 이전에는 GM, 크라이슬러, 포드 등 3사가 거대한 미국 시장을 점유, 높은 수익을 올리고 있었으며 이러한 시장의 안정성과 수익성으로 인해 효율성 향상 압력이 별로 크지 않았다. 따라서 안정적 시장에서 막대한 이익을 올리는 상황에 의거한 높은 교섭력과 경쟁력은 퇴출 전략 관계로도 별 무리가 없었다.

하지만 일본의 경우는 달렸다. 상대적으로 작은 시장에서 미국보다 훨씬 많은 10개사 이상의 자동차 완성업체가 난립해 치열한 경쟁을 펼치면서 생산 효율성이 경쟁에서 매우 중요한 요소로서 작용했고 그에 따라 완성업체와 부품업체의 긴밀한 협조가 중요할 수밖에 없었다. 이러한 최종재 시장의 경쟁 형태와 상황이 완성업체와 부품업체 간 관계에 영향을 미치게 되어 일본 완성업체들은 부품 조달에 있어 권고 전략을 사용하게 된 것이다.

안정적이던 자동차 시장에 치열한 경쟁을 통해 성장한 일본 자동차의 공략이 시작되면서 미국이나 유럽에서는 치열한 경쟁관계가 펼쳐져 권고 전략을 기반으로 한 부품 소재 조달의 필요성이 증대되었다.

이러한 경쟁과 기업 간 협력의 관계는 헬퍼와 레빈의 연구에서도 논의[26]되었으며, 연구자들은 완제품 시장의 경쟁이 보다 심화되는 경우 조립업체는 효율이 높은 장기적이고 협력적인 부품 소재 조달관계를 선택할 것이라는 결론을 제시했다.

역량 있는 중소기업이 필요하다

사코와 헬퍼는 미국, 유럽, 일본의 부품 조달 전략의 변화와 성과 차이에 대한 연구[27]에서 각종 세부적인 정보 공유의 비중은 유럽과 미국에서의 증가에 따라 미, 일, 유럽 간 간격이 줄어들고, 고객 위탁의 정도는 여전히 일본이 유럽이나 미국보다 높은 수준이었지만, 공동 문제 해결에서 있어 부품업체가 가지고 있는 권고 전략에 대한 기대는 유럽, 미국에서 증가해온 반면, 일본에서는 감소했다는 것을 알아냈다. 또한 이들은 협력적인 권고 전략을 기반으로 한 업체들의 성과가 그렇지 않은 기업에 비해 나은가를 첫째, 완성업체로부터의 수상 경력(예를 들면 품질, 제품 개발 등에 대한 포상)과 같은 부품업체의 전반적인 성과 둘째, 생산과 배달 기간의 감소 정도 셋째, 비용과 이윤으로 측정된 재무적 성과 넷째, 제품 개발에서 부품업체의 기술적 기여 정도 등 네 가지 지표를 통해 살펴보았다.

결과는 일본 기업들은 가장 강한 권고 전략 관계인 반면, 유럽 업체들은 권고전략을 취하는 정도가 약하고 성과와의 상관관계가 거의 없는 것으로 나타났다. 하지만 대부분의 경우 권고 전략을 선택한 경우가 그렇지 않은 경우에 비해 높은 성과를 보이고 있었고, 단지 미국, 일본,

유럽 세 지역 간에 있어 그 관계성이 동일하지 않다는 것을 알 수 있었다.

따라서 완성업체와 부품업체 상호 간의 정보 공유, 장기 지속적 거래 관계, 공동의 문제 해결 등으로 대표되는 부품업체와 완성업체 간의 권고 전략 관계는 퇴출 전략 관계에 비해 효율적이라는 것을 알 수 있었다.

이러한 권고 전략의 효율성에 대한 연구 결과에서 알 수 있듯이 기업들은 사고를 장기적 사고로 전환해 중소기업의 육성을 지원하고 이러한 중소기업의 기술력 및 인력의 질적 향상이 대기업의 역량과 결합해 시장에서의 경쟁력을 제고할 수 있다는 사실을 염두에 두어야 한다.

또한 동시에 일본의 경우 장기적으로 지속되어온 권고 전략을 보다 효율화하기 위해 퇴출 전략의 요소를 도입해 중소기업이 보다 적극적이고 미래지향적인 관점에서 역량 진화를 도모하고 대기업과의 관계에 매진할 수 있다는 것 또한 시사점이라 할 수 있다.

02

중소기업 역량을 키우는 길

기업에서 중시하는 부문의 변화 단계를 살펴보면 프로세스, 제품, 공급사슬 순이라 할 수 있다.

첫 번째 단계는 프로세스가 중시되던 산업혁명 시대로, 이때의 1세대 자본은 단순한 도구가 시스템화되는 생산 설비 즉 물적 자원physical capital28)이다.

두 번째 단계는 제품이 중시되던 사람 경쟁력의 시대로, 이때의 2세대 자본은 기술, 지식을 보유하고 있는 인적 자원human capital이다. 인적 자본주의 측면에서 휴먼웨어는 사람의 머릿속에 기술이 체화되어 있고, 고급 기능은 사람의 근육 속에 체화되어 있다고 할 수 있다. 로스토우Walt W. Rostow는 인간, 학교 교육, 훈련, 의료 서비스 등 지식, 기술이 바로 인적 자원이라 주장했고, 한국의 경우 이러한 인적 자원이 경제 기적을 가능하게 했다. 특히 1979년 슐츠T. W. Shulz는 인적 자원으로 노벨 경제학상을 수상했다.

다만 이렇게 사람이 경쟁력인 경우 도덕적 해이의 문제점이 발생할 수 있다. 이러한 문제는 종업원이 회사의 주인처럼 생각하고 행동하는 의식 함양을 통한 자기계발과 끊임없는 학습이 중시되는 주인의식을 통해 풀어야 한다.

세 번째는 기업 생태계의 시대로 사회적 자원[Social Capital29]인 신뢰와 공급사슬 기반의 네트워크가 중요하며, 사람과 사람 사이 혹은 집단 간 협력을 촉진하는 관계적 자산을 의미하는 관계의 질이 주요 요소이다.

인적 자원이 사람 하나하나에 투자하는 것이라면 사회적 자원은 사람 하나하나가 아니라 사람과 사람 사이, 조직과 조직 사이에 형성된 관계의 질을 위해 투자하는 것이다. 이제 대기업들뿐만 아니라 중소기업들도 경쟁력을 가지고 발전하기 위해서 노력해야만 하는 기업 생태계의 시대가 도래했다는 점을 직시해야 한다.

자본장비율 격차가 아닌 사람 역량의 문제

명품 부품은 부품업체의 역량에 달려 있다. 그러면 어떻게 역량 있는 부품 기업을 육성할 것인가? 자본장비율이 부족해서일까? 아니다. 이제 자본장비율의 오해에서 벗어나야 한다.

우리나라의 제조업에서 대·중소기업의 생산성 격차는 1980년대 말 이후 지속적으로 확대되어왔다. 과거에는 대·중소기업 간 생산성 격차는 자본장비율의 격차 확대가 주된 이유였다. 그런데 최근 대기업과 중소기업의 수익성의 격차는 더 이상 자본장비율 격차가 아닌 사람 역량 격차에 기인하고 있다. 혁신 역량을 갖추고 있는 중소기업은 매출액 순이익률이 5.1%로 일반 기업의 3.6%보다 높다.

짚신 장수 부자에 관한 일화에서도 이러한 사람의 중요성에 관한 교훈을 얻을 수 있다. 아버지가 만든 짚신은 잘 팔리는데 자신이 만든 짚신이 잘 팔리지 않아 고민하던 아들은 임종을 앞두고 있는 아버지의 '털, 털, 털'에서 그 이유를 알 수 있었다고 한다. 마지막 단계에서 짚신에 붙어 있는 지푸라기의 지저분한 부분을 깨끗이 제거하는 작업이 핵심이었던 것이다.

그렇다! 대기업과 중소기업의 격차는 사람 역량의 격차이다. 대기업과 중소기업의 격차는 규모 때문이 아니라 자원 투입 주도의 경제에 머무르고 있기 때문이다. 이미 대기업은 학습 중심 사회로 진입했고 이것이 기업경쟁력의 원천이 되고 있다. 즉 학습 사회로 진입한 대기업의 사람 역량과 아직 이에 이르지 못하고 있는 중소기업의 사람 역량의 격차가 그 원인이라 할 수 있다. 따라서 상생협력은 중소기업도 학습 중심 사회론 진입할 수 있도록 하는 것이며, 중소기업에 대한 역량 진화의 길은 중소기업의 혁신 역량을 진화시켜 부품 경쟁력을 높이고자 하는 길이다.

그림 3-1 중소기업의 발전 단계

1단계	창업자가 가지고 있는 기술을 바탕으로 생산 관리에 매진하는 단계(생산 관리 단계)
2단계	회사가 사람을 키워서 기술력을 높이는 단계 (생산 관리와 인사 관리가 결합된 단계)
3단계	시장을 보는 눈이 있는 사람을 키우는 단계(생산-인사-마케팅이 통합되는 단계)

학습을 통한 역량 개발

결국 중소기업의 문제는 사람의 문제이다. 중소기업의 역량 진화는 요약하면 중소기업을 학습 중심 경제로 이끌어가자는 것이다.

'역량 진화의 길'의 실패 사례를 살펴보면, 대기업이 단기 위주로 경영을 하게 되면, 글로벌 경쟁에 대해 중소기업 제품의 단가 인하라는 단기 비용 중심으로 대응한다.

이에 중소기업은 연구개발비를 줄이게 되어 기술 역량이 감소하고, 임금 삭감 및 비정규직이 확대되어 중소기업 인력의 질이 감소되고, 설비 투자가 감소되어 생산성이 감소되며, 부품의 시장 경쟁력이 저하되어 시장 개척 능력도 떨어지게 된다.

역량 진화의 길은 중소기업의 사람을 키움으로서 중소기업의 기술이 깊어지면 시장이 넓어지고 수익이 개선되는 사례를 많이 발굴해내는 것이다. 이를 위해서는 중소기업을 학습 중심 경제로 이끌어가야 한다. 대기업들은 이미 교육을 매우 중시하고 있으며, 학습 중심 사회로 진입해 있다.

따라서 대·중소기업의 양극화 원인은 규모에 있지 않고 학습 경제로 전환한 기업과 그렇지 못한 기업의 차이 즉, 역량 진화의 학습 경제와 역량 소진의 투입 경제에 있다.

대기업은 이미 학습 중심 사회로 진입해 교육, 학습, 지식, 기술, 정보가 경쟁력의 주요한 수단으로 활용되고 있으며, 성공한 대기업에서는 특히 교육이 강조되어 왔으며 학습 사회로 진입해 교육이 많이 이루어지는 대기업일수록 경쟁력이 높다. 미국의 GE, 일본의 도요타 등이 좋은 예이다.

일본의 도요타 방식의 핵심도 물건 만들기가 아닌 사람 만들기에 있다. 한국의 경쟁력 있는 대기업들은 연간 종업원 1인당 교육시간이 120시간에서 360시간에 이르고 있다.

이에 비해 중소기업의 경우 구성원들에 대한 교육의 기회가 매우 제한적으로 이루어져 이러한 교육의 소외가 기업 혁신 역량의 소외로 이어지고 있다. 중소기업 종업원들은 70% 이상이 교육으로부터 완전히 소외되어 있다.

결국 많은 중소기업이 아직 학습 경제로 진입하지 못하고 있고 이것이 중소기업 수익성 저하로 연결되고 있다.

상생협력의 길은 우선적으로 중소기업의 역량 개발을 지원할 수 있는 교육 프로그램 개발에서부터 시작되어야 한다. 중소기업의 인력 및 역량 개발은 대 · 중소기업 간 상생협력의 가장 큰 원동력으로 중소기업 기술력의 원천이 된다.

이제 인적 자원으로서의 인력은 단기적인 생산의 투입 요소가 아닌 장기적인 자산으로 인식해야만 하며, 중소기업에도 이러한 인적자원 개발을 위한 노력이 절실히 요구되고 있다.

그렇다면 어떻게 중소기업을 학습 사회로 진입시킬 수 있을까? 기술 역량을 중심으로 한 역량 진화를 위해 중소기업에 대한 지속적인 교육 기회와 지원이 필요하며, 그 외에 학습조직화, 제안 제도의 활성화 등 학습 공동체 형성 등이 효과적일 수 있다.

세계 시장을 선도하고 있는 우리나라 조선 산업을 살펴보면 대학에서 해마다 선박조선(혹은 조선해양)관련 학과의 졸업생을 약 3,000여 명씩 배출하고 있다. 이러한 자원들이 선박의 설계를 담당하고 기계공학, 전자공학, 화학공학 등 다양한 분야의 인적 역량들이 더해지면서 일본을 앞서 세계 1위 자리를 고수하고 있다.

기술이 깊어지면 시장이 넓어진다

대기업과 중소기업 간 역할의 분업 구조는 저비용, 품질, 가치 제안 능력으로 진화해가고 있다. 즉, 과거 비용 경쟁력의 시대에는 임금의 이중 구조가 중소기업 생존의 기반이었으며, 품질 경쟁력의 시대에는 중소기업의 품질 능력이 생존의 기반이 된다. 미래의 가치 제안 경쟁력의 시대에는 중소기업의 가치 제안 능력이 기업 생존의 기반이 된다. 이처럼 분업 구조의 변화에 따라 대기업이 원하는 중소기업의 역할이 달라진다.

중소기업도 이제는 보유하고 있는 콘텐츠 내용의 싸움을 해야 한다. 더 이상 저기술 저비용으로는 매력적인 중소기업이 될 수 없다. 결국 저비용 경쟁력을 기술과 개발 경쟁력으로 바꾸는 패러다임이 필요하다. 제조 능력에서부터 시작해 신제품을 개발하는 기술 능력 즉 설계 능력, 그리고 상품 기획 능력을 키워가야 한다. 이를 위해 상생협력에서는 생산 기술 경쟁력을 키워주는 콘텐츠를 담아야 하고 연구 개발 경쟁력을 키워주는 콘텐츠도 담아야 한다.

역량 진화의 길은 부품업체의 기술을 더욱 깊게 만든다. 기술이 깊어지면 시장이 넓어지고 부품업체의 수익성도 높아진다.

남동발전과 협력업체인 성일 SIM의 연구 개발의 상생협력은 기술을 깊게 한 결과 시장을 확보할 수 있게 된 좋은 사례이다. 남동발전의 분당복합발전소는 연소실Hot Gas Casing을 2002년 10월에서 2005년 9월에 이르기까지 남동발전, 한전전력연구원, 성일 SIM이 함께 국산화하는 데 성공했다. 역량 진화형 상생협력을 통해 2006년 가스터빈 발전 설비의 핵심 부품을 국산화함으로써 남동발전은 스위스의 알스톤사로부터 27억여 원에 구입해오던 부품을 12억여 원에 구입할 수 있게 되었고, 이 중소기업은 연간 수백억 원 정도의 매출 증대 효과가 기대되고 있다. 우리 경제의 미래는 기술이 핵심이다.

상생협력은 기술을 고리로 한 기업 생태계를 만든다. 상생협력의 과정에서 중소기업의 사람 역량을 개발해 '기술 개발'을 가속화시키는 것이다. 역량 진화의 상생협력의 결과 기술 진화가 진전되고, 기술은 시장을 낳고, 시장은 수익을 만든다. 상생협력이 수익을 만들어준 만큼 상생협력에 자신감이 생기면 다시 기술이 좋아지고 그러면서 우리 경제를 더 도약한다. 이것이 상생협력 심화의 선순환 모델이다.

03

도요타 부품업체의 역량 구축 사례

과거 일본의 중소기업 육성도 설계 능력을 키우는 작업을 통해 능력 구축에서부터 시작했다[30]. 도요타의 '육성 구매'를 살펴보자. 도요타는 부품업체 선택에 있어서 가격뿐만 아니라 능력이 확보된 부품업체 선택을 통해 품질 및 가격 경쟁력을 동시에 유지하고자 한다. 부품업체에 대해서도 무조건 지원이 아니라 능력 있는 기업에 관심을 가진다. 육성 방법 또한 부품업체의 인재를 도요타에 파견해 2년간 훈련시킨 후 부품업체로 돌려보냄으로써 부품업체의 경쟁력이 제고되도록 하고 있다. 또한 게스트엔지니어 제도를 실시해 부품 회사의 설계 능력을 업그레이드시키기 위해 노력한다.

도요타는 부품회사를 기획 단계에서부터 참여시키는 이른바 조기참여제도early involvement를 실시해 설계에서 가공 및 조립이 동시에 진행되는 동시공학concurrent engineering이 가능해졌다. 유사하게 스즈키도 '개발구매'

부품업체의 아이디어가 수렴되어 신차 개발과 생산에 반영되는 특성을 보여주고 있다.

가격 중심의 선택 구매가 아니라 품질 유지에 초점을 두고 있는 도요타의 '육성 구매'는 중소기업에 대한 무조건 지원이 아니다. 능력 있는 중소기업을 육성하고 지원하는 시스템을 경쟁력의 기반으로 삼고 있는 것이다.

도요타 자동차는 물건 만들기가 아닌 사람 만들기를 강조하고 물건 만들기는 사람 만들기의 결과로 본다. 도요타 방식의 핵심도 바로 사람 만들기에 있다.

일본 기업 생산성의 특징은 바로 사람이 중심이 된다는 점이다. 일본의 경우 종업원의 지식창조와 암묵지를 통한 지식축적, 그 결과로서의 기술개발이 10년 장기불황을 이겨낸 원동력으로 평가되고 있다. 결국 장기적인 능력 구축을 위한 일본 기업의 장기고용 관행이 인력개발에 성공하게 된 배경이 되었다고 할 수 있다. 즉 종업원에게 장기 고용을 보장한 결과, 지식창출과 기술개발로 인한 경쟁력 제고가 가능해졌으며, 그 결과 제조 부분에서 일본이 세계적 강자로 군림할 수 있게 된 것이다.

일본 기업의 경우 종업원의 지식 창조와 암묵지를 통한 기업 능력 구축은 제조 기업이 지속 성장을 할 수 있는 원천이 되고 있다.

노나카 교수는 일본 기업이 현장의 축적된 기술과 지식을 중요시하는 데 주목하고, 이를 암묵지 개념을 이용해 설명하고 있다. 암묵지tacit knowledge(暗默知)는 현장의 일선 근로자들에 의해 체화된 지식이며, 이를 바탕으로 한 중간 계층 관리자, 상급 계층 관리자와의 역동적인 상호작용이 반복되면서 암묵지가 형식지explicit knowledge(形式知)로 전환되고 이러한 과정이 지속·반복되면서 지식이 창조되고 축적된다.

일본 기업이 종업원의 현장 지식과 지식 창조 과정을 생산성 향상의 원천으로 인식하고 있는 것과 달리 미국이나 유럽 기업은 기계와 설비의 생산성을 강조해왔다.

일선 근로자의 지식 창조 능력이 경시되고 기계나 설비 증설에만 집중할 경우 자본 경직의 원인이 되고 시장탄력성이 떨어져 급변하는 시장 상황에서 기업의 위험 요소가 될 수 있음을 주목해야 한다.

상 생 경 영

2

신뢰 구축의 길

01

구슬이 서 말이라도 꿰어야 보배

신뢰라는 단어는 독일어 'Trost(편안함)'에서 유래되었으며, 자신의 기대를 충족시켜줄 것이라는 믿음과 의존할 수 있는 느낌을 말한다. 기업 간의 관계에서는 거래 상대방이 자신의 이익을 위해 나에게 피해를 끼치지 않을 것이라고 믿는 정도로 해석될 수 있다.

기업 간 신뢰에 관한 연구에 의하면 신뢰가 있는 기업 간에는 거래가 원활하게 이루어질 뿐 아니라 상대방과 거래의 만족도도 높인다[31]. 그래서 신뢰는 기업 간의 관계에서 '윤활유'가 된다.

조직 간 협력에 관한 대부분의 연구에서 공통적으로 중요하게 다루어지는 변수가 바로 파트너 기업들 간 신뢰이며, 파트너십, 전략적 제휴 그리고 성공한 작은 기업들의 네트워크 형성에 있어서도 신뢰는 중요한 구성 요소이다.

한 개의 시스템 제품은 다수의 부품이 시스템적으로 결합되어 만들어진다. 이러한 목적을 위해 통합된 기업 간 가치사슬이 네트워크로 연결되어 기업 생태계가 형성된 것이다. 이때 하드웨어적 네트워크는 설비와 재료의 배치, 공학적 개념으로 설명할 수 있으며, 소프트웨어적 네트워크는 지식의 배치, 학습 이론적 개념으로 설명할 수 있다.

네트워킹의 경제성 측면을 살펴보면 네트워크는 기회주의로 점철된 시장 실패의 문제점과 관료주의로 대별되는 조직 실패의 문제점을 통합적으로 해결할 수 있는 전략적 대안으로 그 중요성이 어느 때보다 부각되고 있다.

이때 신뢰는 네트워킹의 윤활유 역할을 한다. 신뢰는 인간의 기회주의를 최소화하며, 네트워크 진화의 자기 증진 사이클을 만들어준다. 신뢰는 연결의 신용성, 기밀성, 안정성을 높여주므로 노하우와 기술을 공유하고 공동 개발이라는 최고 수준의 협력이 일어나도록 지원한다. 2004년 일본 경제산업성의 요청으로 조사한 동경 대학의 후지모토 교수의 연구에 의하면, 조립업체와 부품업체 간 상호작용이 긴밀할수록 국제 경쟁력이 높아진다는 사실이 확인되고 있다. 즉, 신뢰가 형성된 인터페이스가 성과가 높다.

신뢰의 구체적인 기업경쟁력에의 효과에 대해서는 와튼스쿨의 맥더피 교수나 옥스퍼드 대학의 사코 교수 등의 이론에 의해 뒷받침되고 있다. 이들의 연구에 의하면 신뢰가 높아질수록 기업 간 협력에 의해 지식의 공유가 가능해지고 경쟁력에 기여하게 된다.

그러나 대·중소기업 간 신뢰구축의 실패 사례를 보면, 대기업의 단기 위주 경영으로 인해 불공정 거래가 많아지고 중소기업과 가치 공유 실패를 낳고 있다.

이렇게 상호신뢰가 저하되면 거래비용이 늘어나게 되며, 관계특정적 투자를 감소시켜 중소기업의 기회주의를 자극하게 된다. 그 결과 기업 간 연결 경쟁력이 저하된다. 결국 대기업이 중소기업에 대해 단기적으로 접근한 결과 나타나는 기회주의적 행동이 신뢰 관계를 저하시키고 도덕적 해이를 심화시켜 거래비용이 높아지는 악순환 모형이 발생한다.

기업 간 상생협력에서 중요한 연결 역할을 하는 신뢰의 중요성을 강조하기 위해서는 우선 공감대가 형성되어야 한다. 그리고 이러한 공감대를 바탕으로 네트워크보다는 네트워크십(네트워크 정신)이 있어야 한다. 네트워크에는 신뢰가 가장 중요한 요인이다.

02
신뢰 구축의 발전 단계

신뢰 구축은 일관성reliability, 공정성equity, 전문성integrity, 공감성empathy, 확신성confidence의 단계를 거친다. 기업 간 신뢰에서 강조되는 신뢰의 특성에 따라 다섯 가지의 발전 단계로 나누어볼 수 있다.

신뢰 구축의 1단계는 거래의 일관성을 확보하는 것이다. 일관성이란 계약대로 일관성 있게 이행되는 것이다. 일관성이 없으면 의존할 수 없다. 일관성을 높이기 위해서는 계약도 철저하고 공정하게 지켜져야 한다. 이를 위해서는 거래일관성에 기초한 안정적인 거래가 이루어져야 한다.

신뢰 구축의 2단계는 거래의 공정성에 대한 신뢰가 이루어지도록 하는 단계이다. 공정한 거래는 파트너 기업이 적절한 보상을 제공하고 있는가? 중소기업은 적절한 비용·품질을 제공하는가?

이 단계에서는 공정한 계약을 바탕으로 만들어진 계약이 일관성 있

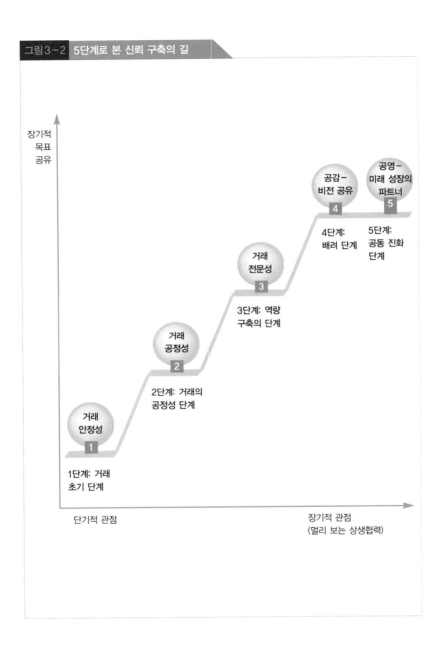

그림3-2 5단계로 본 신뢰 구축의 길

장기적
목표
공유

거래
안정성
1
1단계: 거래
초기 단계

거래
공정성
2
2단계: 거래의
공정성 단계

거래
전문성
3
3단계: 역량
구축의 단계

공감-
비전 공유
4
4단계:
배려 단계

공영-
미래 성장의
파트너
5
5단계:
공동 진화
단계

단기적 관점

장기적 관점
(멀리 보는 상생협력)

는 믿음을 주는 것이 필요하다. 계약을 통한 신뢰 구축을 위해서는 약속준수와 계약 이행이 중요하다. 공정성에 기초한 신뢰 구축은 불공정 거래를 지양하고 대등한 파트너관계를 수립하도록 하는 것이다.

이때 계약은 공식적 계약뿐만 아니라 심리적 계약psychological contract32)도 포함한다. 심리적 계약이란 '내가 이번에 이런 혜택을 베풀면 다음에 상대방이 다른 혜택을 베풀겠지!' 라고 생각하는 마음을 뜻한다. 심리적 계약에서는 거래에 있어서 용어 선택이 매우 중요하다.

언어폭력은 신체폭력보다 후유증이 길고 마음의 상처를 남긴다는 것을 명심해야 한다. 언어 관리, 겸손함을 필요로 하는 마음 관리가 필요하다.

신뢰 구축의 3단계는 거래의 전문성·성실성에 대한 신뢰가 이루어지도록 하는 단계이다. 거래의 전문성을 높이기 위해서는 중소기업의 역량 개발이 필요하다. 이를 통해 상대방의 기대를 충족시킬 수 있다는 신념과 믿음이 전문성에 따른 신뢰 구축으로 이루어진다.

신뢰구축의 4단계는 공감성에 대한 신뢰가 이루어지도록 하는 단계이다. 이러한 신뢰는 동반의식·파트너십을 공유함으로서 서로 발전의 동반자가 될 수 있는가에 대한 신뢰이다. 이 경우 바람직한 협력적 행동은 상대를 동등한 성장의 파트너로 인정하고 협력하는 것이다. 이 단계에 있어서 상생협력의 핵심 이슈는 부품업체 개발의 조기 참여, 공동 개발, 가치 제안 등이다.

신뢰 구축의 5단계는 고수준의 신의에 대한 신뢰가 이루어지도록 하는 단계이다. 이것은 상대 기업에 대한 비전 공유를 바탕으로 공동 연구 개발을 통해 공동 번영을 지향해나가는 것이다.

영어의 'confidence' 는 '고백하다' 의 명사형으로 의사, 성직자, 변호

그림 3-3　신뢰 구축 단계별 대·중소기업의 역할

신뢰 계층	상생 협력의 진화	대기업 (완성 조립업체) 의 역할	중소기업 (부품업체) 의 역할	협력적 행동의 모습	대기업 상생협력정책의 방향
1단계: Reliability (거래의 안정성) - 거래 형성	단기거래→ 장기 & 안정적 거래의 파트너 관계 (장기적 협력관계)	· 안정적 수요(판로)의신 뢰성	· 안정적 공급(납품)의신 뢰성	단기 거래→ 장기 안정적 거래의 파트너관계 (장기적 협력관계)	장기적 성장의 협 력 파트너로 안정 유도 (시스템 간 경쟁 -비전 공유)
2단계: Equity (거래의 공정성) - 대기업 문제	불공정거래→ 공정한 파트너 관계 (대등한 협력관계)	· 적절한 가격	· 적절한 비용-품질	불공정거래→ 공정한 파트너관계 (대등한 협력관계)	공정거래 정책
3단계: Integrity (거래의 전문성·성실성) -중소기업 문제	무능력→역량 있는 파트너관계 (정직하고 상호 도움이 되는 협력관계)	· 대기업의 기술 지원 · 약속준수	· 능력 있는 개발의 동반자 (스피드, 능력) · QCD 능력	무능력→역량 있는 파트너관계 (정직하고 상호 도움이 되는 협력관계)	부품업체의 기술 개발 지원
4단계: Empathy (동반 성장의 파트너의식) -대기업 문제	무시→배려 해주는 파트너 관계	· 성과 공유 · 동반 성장의 파트너의식	· 성과 공유 · 동반 성장의 파트너의식	무시→배려 해주는 파트너관계	성과 공유, 사람 교류
5단계: Confidence (미래 성장 동력 공동 개발) -공동 과제	형식지→암묵지 (기술, 설계 등) 를 공유하는 파트너관계	· 비전 공유 및 공동 개발 제안 · 부품업체 기술 인정	· 공동 개발 (설계 비밀 유지)	형식지→암묵지 (기술, 설계 등) 를 공유하는 파트너관계	기술 공유, 설계도면 공동 개발

사 수준의 고도의 신의를 말한다. 이것이 가장 높은 수준의 신뢰이다. 고수준의 신의로 높이기 위해서는 미래에 대한 신념, 가치, 비전을 공유함으로써 상호협력의 과정에서 노출되는 비밀과 정보를 공유하고자 하는 노력이 필요하다.

가치 공유나 철학의 공유가 이루어질 때 두터운 단계의 신뢰가 구축된다. 이 단계에 있어서 상생협력의 핵심 이슈는 대·중소기업 간 비전 공유를 바탕으로 협력을 통해 공동의 진화를 위한 가치제안이 확산되는 것이 필요하다.

이상의 신뢰 구축 5단계를 바탕으로 상생협력 정책의 방향을 정리해 보면 〈그림3-3〉과 같다.

신뢰 형성 단계를 대·중소기업 간 상생협력의 전략 차원에서 정리해보면, 단기적으로 공정거래에 의한 계약형 신뢰 형성이 필요하며, 중장기적으로는 비전 공유를 기반으로 기업 간 공동 개발이 가능해지는 '가치 창출' 형 신뢰 형성이 필요하다.

일관성을 높이고자 하는 노력은 신뢰 형성의 가장 낮은 단계로서 사코의 계약형 신뢰contractual trust에 해당되며, 전문성을 높이고자 하는 신뢰 구축은 사코의 역량형 신뢰competence trust, 고수준의 신의를 높이는 신뢰구축은 사코의 가치 공유형 신뢰goodwill trust로 통합할 수 있다.

계약형 신뢰는 상대가 계약서에 있는 사항을 수행할 것이라는 믿음을 의미하고, 역량형 신뢰는 상대방이 하겠다고 약속한 일을 할 수 있는 능력이 있다고 믿는 것을 의미하며, 가치 공유형 신뢰는 상대방이 기회를 보아서 불공정한 이익을 취하지 않고 상호 이익에 봉사할 것이라는 믿음을 의미한다.

후쿠야마 교수는 높은 신뢰란 공유된 가치에서 나온다고 강조했다.

가치의 공유를 가능케 하는 커뮤니케이션과 비전 공유, 공동 개발, 성과 공유의 활성화가 필요하다. 기업 간에 신뢰 수준이 높아지면 서로의 경험을 공유하고 연결하는 효과가 높아진다.

03
신뢰 효과에 대한 다양한 연구

기업 간의 신뢰가 기업의 성과에 미치는 영향에 대한 개념적인 연구는 많이 이루어졌다. 기업 간 신뢰가 부족하면 대기업은 단기 수익 극대화를 위해 가격 인하를 고집하고 중소기업은 저원가 제품을 만드는 역선택이 발생해 레몬시장lemon market이 출현하기 쉽다. 레몬시장이란 겉으로는 맛있게 보이지만 속은 시고 맛이 없다는 것에서 나온 용어이다.

이에 비해 기업 간 신뢰가 높아지면 기회주의적 행동을 감소시키고 형식적인 계약서가 해낼 수 없는 방식으로 조정과 협력을 증진시켜준다. 또한 신뢰는 장기간 약속을 가정하기 때문에 부품업체로 하여금 대기업에 적합한 관계특정적 자산에 기꺼이 투자하게 한다. 즉 상대 기업을 신뢰하는 경우는 그 고객 기업과 장기적인 관계를 가질 것으로 기대하기 때문에 그 고객에게 특정한customer specific 자산에 투자를 할 의도를 가지게 된다[33]. 예를 들자면, 그 파트너에게 공급하는 제품만을 위한 생산 설비에 투자를 한다든지, 그 파트너 전담 인력 양성에 투자하는 등의 행동을 보이게 된다.

고객 특유 자산에 대한 투자는 그 고객과의 거래를 더욱 효율적으로 만들게 된다. 상호신뢰가 구축되어 있는 구매자와 공급자는 비용 등에 관련된 상세한 정보에 대해 더욱 개방적으로 공유하려 한다. 그러한 정보에 개방된 접근은 파트너들로 하여금 비효율과 잠재적 여유를 확인하고 대응할 수 있게 됨으로써 기업 간 거래관계에서 생기는 총비용이 감소될 수 있다[34].

기업 간 신뢰와 성과

점차 부품업체들의 역할이 단순한 생산 기능에서 설계 및 지식 집약적 업무로 그 역할들이 이행되고 있다. 따라서 부품업체들의 협력의 중요성이 높아지고 있다. 협력의 내용 또한 과거의 신뢰를 바탕으로 하지 않는 협력에서 신뢰를 기반으로 한 협력이 중요해지고 있다.

과거의 구매 관행 측면에서 보면 시장거래형 퇴출 방식을 선택했던 기업들은 대부분 신뢰를 바탕으로 하지 않는 협력을 선택했다. 그러나 자동차 산업에 있어서 완성업체의 린생산 방식은 부품업체로 하여금 설계 활동을 요구하고 있고, 나아가 부품업체의 즉각적인 현장 문제 해결에 대한 요구도 커지고 있다. 공동 설계와 같은 기업 간 협력이 성공적인 성과를 거두기 위해서는 단순한 협력이 아닌 신뢰를 기초로 한 협력이 바탕이 되어야 한다. 따라서 신뢰는 협력에 있어서 점차 주도적인 역할을 수행할 것이 예상된다.

신뢰와 성과의 관계에 대한 실증적인 연구로서는 사코의 연구[35]가 있다. 이 연구는 미국, 일본, 독일, 영국, 유럽 국가들의 자동차 산업을 대상으로 1993년에서 1994년에 걸쳐서 조사했다. 이들 국가의 자동차 산업에 종사하는 1차 공급업체를 대상으로 총 1,415개의 응답을 받았다. 조사의 목적은 이들 회사가 그들의 고객(자동차 회사)에 대해 갖는 신뢰의 정도가 이들 1차 공급업체의 성과에 미치는 영향을 조사하는 것이었다.

이 연구에서는 신뢰를 계약적contractual, 능력competence, 선의goodwill의 세 가지로 나누어 측정했다. 조사 결과 계약적 신뢰의 수준은 독일과 일본이 가장 높고, 능력 신뢰는 일본의 기업들이 가장 높았다. 선의 신뢰는 라틴계 유럽 국가(프랑스, 이탈리아, 스페인)와 독일의 기업들이 가장 높았다.

공급 업체의 성과로는 비용, 이익, 적시 공급Just-in-time delivery, 공동 문제 해결을 조사했다.

분석 결과, 공급사슬의 성과와 그 공급사슬 내 기업 간 신뢰는 의미 있는 관계가 있는 것으로 나타났으며, 특히 신뢰 중에서 선의 신뢰의 영향이 큰 것으로 나타났다. 그리고 신뢰의 수준이 높을수록 파트너 기업과 공동 문제 해결에 더 많은 시간을 할애하는 것으로 나타났다. 신뢰와 비용절감의 경우는 일본의 경우에만 상관관계가 있는 것으로 나타난 데 반해 신뢰와 이익 증가의 상관관계는 미국의 경우에만 의미 있게 나타났다. 상대방이 자신의 정보를 공유하면 이 또한 신뢰를 높이는 것으로 나타났다.

IT, 커뮤니케이션 & 신뢰

오늘날 기업의 커뮤니케이션은 정보 기술에 절대적으로 의존하고 있기 때문에 기업 간 커뮤니케이션은 IT^{information technology}가 좌우한다고 해도 크게 틀린 말은 아니다. 그러나 한 연구 결과[36]에 따르면, IT는 커뮤니케이션 통로로서는 유용한 수단이지만 하드웨어적인 커뮤니케이션 도구 그 자체가 공급사슬 경쟁력에 큰 영향을 미치지는 못하였다. 대신 기업 간 상호신뢰의 바탕 위에서 교환된 정보가 공급사슬의 활동 조정과 배치에 활용될 때 공급사슬 경쟁력에 유의미한 영향을 미치게 된다.

지식 경영 이론의 핵심 중 하나인 노나카^{Nonaka}의 지식 창조 이론에서는 지식이 외부화^{externalization}, 결합^{combination}, 내부화^{internalization}, 사회화^{socialization} 단계를 거쳐 발전하듯이, 정보도 연결 효과^{linkage effect}, 중개 효과^{brokerage effect}, 그리고 통합 효과^{integration effect}의 단계를 거쳐 발전한다[37].

정보의 연결 효과란 기업 간 자료 교환을 위한 IT 네트워크가 수립이 되면 가장 먼저 나타나는 것으로, IT 네트워크가 자료 교환의 효율성을 높여주는 효과를 말한다. 중개 효과는 IT로 인해 생긴 전자적 시장^{electronic market}이 중개인과 비슷한 역할을 하게 되는 것으로, 교환된 정보가 공유되고 결합되어 공급사슬의 조정과 개선에 기여하게 되는 효과를 말한다. 통합 효과는 결합된 정보가 시너지 효과를 나타내어 상호설계통합, 연구 개발 조정 등 암묵지와 같은 무형의 자산가치를 만들어내는 효과를 말한다.

연구 결과에 의하면, 해당 기업 간에 신뢰가 부족한 경우 IT에 의한 커뮤니케이션 네트워크는 단순한 자료 교환을 위한 네트워크에 머물고 있었다. 이러한 단순한 정보 연결 효과는 공급사슬의 성과에 영향을 미치지 못하였다. 대신 IT 커뮤니케이션이 기업 간 신뢰를 바탕으로 중개 효과와 통합 효과로 발전하게 될 때 공급사슬에서 비로소 경쟁우위 효과로 발전하고 있다. 즉 IT를 이용해서 두 기업을 연결했다고 해서 당장 공급사슬 전체의 성과가 향상되는 것이 아니고 IT를 이용해 정보와 지식을 공유하는 노력을 해야만 중개 효과·통합 효과로 진화하고, 이들이 공급사슬의 성과를 향상시키는 것으로 나타났다.

그러므로 IT는 커뮤니케이션의 도구일 뿐이며 관건은 신뢰를 기반으로 한 정보의 중개 및 통합 효과로 발전시키는 것이 공급사슬 경쟁력 제고의 핵심이라 할 수 있다.

상 생 경 영

3

열린 혁신의 길

01

열린 혁신은 미래 기업 생태계의 경쟁 원천

다른 모든 경제 행위처럼 상생협력도 처음에는 좋다고 느끼지만 곧 안주하려는 관성을 가진다. 상생의 의미를 지속적으로 함께 혁신을 통해 의미를 찾으려고 노력하는 것이 열린 혁신이다.

진화하지 않는 기업 생태계는 생존할 수 없다. 열린 혁신의 길은 기술사슬a chain of technologies, Fine: 1998의 가닥을 키워 기업 생태계를 계속 진화시키는 길이다.

그러므로 세 가지 상생협력의 길 중 역량 진화의 길, 신뢰 구축의 길이 현재의 상생을 제고하는 원천이 된다면, 열린 혁신의 길은 미래 상생협력의 원천이 될 것이다.

기업의 단기적 성과 위주 경영은 현재 기술의 활용에만 관심을 가지는 조직 내부의 관성이 현재 상태에 안주하려는 경향을 가지고 있다. 만일 현재의 경쟁력에 안주해 외부 혁신에 대해 둔감해지게 되면 공급사슬 경쟁력도 장기적으로 감소하게 된다. 이에 비해 열린 혁신은 이러한 미래 혁신을 도외시하는 분위기를 극복하고 계속 진화하는 원천이 될 것이다. 미래 공급사슬 경쟁력의 핵심인 열린 혁신의 기업 생태계를 위해서는 관성의 법칙[38]을 깨고, 대기업이 교섭력 우위를 통한 유리한 거래 조건을 고수하려는 대기업의 안주 가설entrenchment hypothesis 문제를 해결해야 한다.

단절적 기술 혁신을 열린 기술 혁신 패러다임 혁신으로, 그리고 열린 기술 혁신 패러다임에 영향을 받은 지식 창조 공급사슬로의 확장을 통해 미래 공급사슬 성장 엔진으로의 공진화가 이루어질 수 있어야 한다.

02

왜 **열린 혁신**인가?

지구가 타원 위를 돌듯이 현대 기업의 운동 법칙도 이와 같다. 타원은 2개의 초점을 가지며 기업의 경우 하나는 역량과 인터페이스로 설명할 수 있는 생산성productivity이며, 다른 하나는 열린 혁신의 바퀴로 설명할 수 있는 창조성creativity39)이다.

현대 경영학 이론은 생산성에 편중되어 있고 창조성은 소홀히 다루는 경향이 있다40). 이때 생산성은 역량과 연결의 효과이며, 창조성은 열린 혁신의 효과로 해석할 수 있다. 급속한 기술 발전과 기술의 융복합화로 대기업만으로는 한계가 있다. 예를 들어, 1990년대 이미 가전제품업체들은 HD TV기술을 완벽하게 확보했지만, 핵심 부품의 기술 부족으로 제때 시장화에 실패했다41). 이처럼 첨단 기술 제품일수록 모기업의 혁신을 지원하는 중소기업의 첨단기술 공급이 중요하며, 세계 초일류 기업일수록 창조적이고 건강한 생태계 조성을 강조하고 있다.

기술을 뒷받침하는 중소기업이 성장해야 대기업의 지속적인 성장도 가능하다. 이것이 미래 공급사슬 경쟁력의 핵심이다.

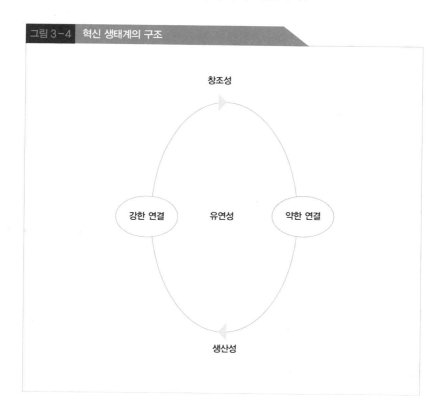

그림 3-4 혁신 생태계의 구조

창조성

강한 연결   유연성   약한 연결

생산성

열린 혁신의 사고

혁신은 기업의 성공과 기업 생태계의 성장에 중요한 역할을 하며[42] 특히 기업 환경이 급변하고 경쟁이 치열해짐에 따라 그 중요성이 더욱 커지고 있다. 과거에는 기업 내부의 연구 개발 능력이 가장 가치 있는 전략적 자산이며 필요한 혁신은 기본적으로 기업 내부에서 창출해 조달한다는 '닫힌 혁신'의 사고가 중심을 이루었다.

그러나 연구개발비의 급증, 기술 수명의 단축, 기술의 복잡성 증가와 이로 인한 전문화, 기술과 시장의 글로벌화 등[43]으로 인해 대기업조차도 자신의 자원에만 의존할 경우 지속적 혁신을 확보하기 어렵게 되었으며 이에 따라 기업 간 협력을 통한 혁신이 증가하는 추세이다. 이제 혁신은 한 기업에만 국한되지 않는 다양한 분야의 조직들 간의 협력 활동으로 인식되고 있다[44].

열린 혁신에서는 닫힌 혁신 시스템과 달리 연구(R&D[45])의 R과 개발의 D)간의 연결고리가 느슨해진다(아래 〈그림3-5〉 참조).

아이디어들은 더 이상 기업 내부에 가만히 남아 있지 않으며 시간이 지남에 따라 더 넓은 환경으로 새어나간다. 즉 기업 내부의 R을 외부의 누군가가 D로 연결한다. 한편으로는 이러한 변화로 인해 기업 외부에서 얻을 수 있는 풍부하고 다양한 지식들이 창출된다.

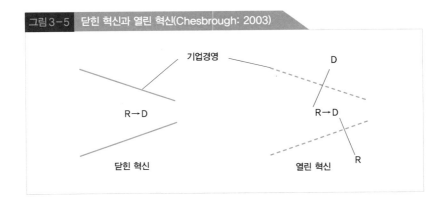

그림3-5 닫힌 혁신과 열린 혁신(Chesbrough: 2003)

기업은 이러한 외부의 연구 결과들을 기업 내부로 가져와 새로운 제품이나 서비스를 개발할 수 있다. 즉 외부의 누군가가 수행한 R을 기업 내부에서 D로 연결한다. 닫힌 환경에서는 기업은 자신이 사용할 아이디어를 스스로 창출해야 했으나 개방적 환경에서 기업은 외부 및 내부 용도의 아이디어를 창출할 수 있으며, 기업은 내부뿐만 아니라 외부 원천의 아이디어들에 접근할 수 있다.

기업의 혁신 방식은 크게 다섯 세대로 구분할 수 있다[46]. 제1세대 혁신(1950년대)은 기술이 수요를 창출하는 세대로 과학적 진보와 산업 혁신이 중시되었다. 이때는 R&D에 많이 투입할수록 더 성공적인 제품을 만들 수 있다고 생각했으며, 이 과정에서 시장의 역할에는 관심이 적었다.

제2세대(1960년대 중반)는 시장의 욕구 즉, 시장이 기술 변화를 이끄는 세대를 말한다. 이때는 점진적 기술 변화가 중심이었으며 시장 경쟁이 격화되어 기업들이 시장의 목소리에 관심을 기울이기 시작했다.

제3세대(1970년대 초반)는 혁신이 기술적 능력과 시장 수요의 상호작용을 통해 일어난 모델로 기술 중심의 제1세대 및 시장 중심의 제2세대는 모두 극단적인 형태로 보고 이들을 결합하고자 하였다. 이 모델은 기업 내외의 기술 발전과 시장 수요를 동시에 반영하며 순차적 제품 개발과정에서 피드백이 허용된다.

제4세대(1980년대 초반)는 1980년대 일본 기업의 성공[47]을 이끈 혁신 과정을 지칭하는 것으로 통합과 병행 개발이 핵심이다. 즉, 기업 내부의 각 기능 부문, 후방의 핵심 공급자들, 전방의 까다로운 고객들을 신제품 개발 과정에 참가시키며 신제품 개발의 각 단계는 순차적이 아니라 동시적으로 이루어진다. 이 과정에서 기업 내부의 기능 부문 간, 그

그림 3-6 | 혁신 5단계

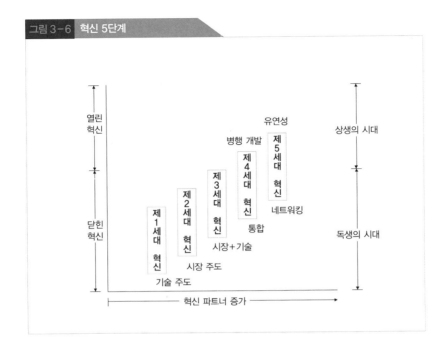

리고 기업 외부의 공급자 및 고객들과 정보 교환이 집중적이고 활발하게 일어난다.

제5세대(1990년대 이후)는 제4세대 혁신 과정이 보다 확장, 발전된 것으로서 시스템 통합, 유연성, 네트워킹, 병행적 실시간 정보 처리가 주요한 특징이다. 조직 내부 및 외부의 시스템을 통합하고 광범위한 외부 네트워크를 구축하며, 그 구조는 평평하고 유연하며 분권화된 성격을 지닌다. 또한 신제품 개발 과정은 전자적으로 연결 및 지원되며 혁신이 지속적으로 일어난다.

이상의 혁신 단계에서 보면 상생협력은 제4세대 혁신이나 제5세대 혁신으로 갈수록 중요하며 협력 네트워크의 범위도 확대된다.

기업 간 협력을 통한 혁신에서 가장 먼저 극복해야 할 것은 NIH 증후군이다. NIH 증후군Not-Invented-Here Syndrome이란 '우리(회사)가 만들지 않은 것은 쓸모가 없다'는 사고방식으로 기업이 외부의 혁신 아이디어를 수용하는 데 가장 큰 장애로 작용한다. 즉, 혁신의 원천이 어디인가는 따지지 않고 혁신 아이디어 자체의 활용 가능성을 중시하는 '열린 혁신'의 사고방식이 필요하다.

03

열린 혁신의 생태계와 공급자 참여

성공적인 혁신을 달성하기 위해서는 공급사슬 전·후방의 기업 생태계 구성원들이 혁신의 초기 단계부터 적극적으로 혁신 활동에 참여시키는 것이 중요하다. 특히 부품 공급자를 신제품 개발 초기 단계부터 참여시킴으로써 구매자와 공급자를 포함한 생태계 전체의 혁신 성과를 개선할 수 있다.

열린 혁신의 생태계

기업은 글로벌 경쟁으로 과거보다 더 빈번한 혁신과 더 높은 품질에 대한 요구에 직면하고 있으며 품질 개선, 비용 감소, 제품 개발 기간 단축을 동시에 달성해야 하는데 이를 해결하기 위해 많은 기업들은 설계 및 개발 과정에 공급자를 참여시키고 있다[48].

기업 생태계는 고객, 중간 기업(중개인, 대리인, 경로, 보완재 판매자), 공급자, 그리고 자기 자신으로 구성되는 시스템이며 공급자, 유통업체, 아웃소싱 기업, 관련 제품 및 서비스 메이커, 기술 제공 기업 및 여타 조직들의 유연한 네트워크이다[49]. 여기서 유연한 네트워크란 기업이 기존의 강한 연결을 가지고 있던 공급자나 고객을 넘어 느슨하게 연결된 다양한 기업이나 조직도 고려해야 함을 의미한다.

열린 혁신 생태계는 가치사슬 공동체가 외부의 혁신 역량을 수용할 수 있도록 함으로써 창조적인 아이디어가 살아 있는 생태계가 조성되어야 한다. 기업 생태계 관점에서 보면 한 기업은 어떤 단일 산업의 구성원이 아니라 다양한 산업에 걸쳐 있는 기업 생태계의 일부이며 이들은 새로운 혁신을 중심으로 능력들을 공진화시킨다[50]. 기업 생태계는 상호연결된 많은 참가 기업들로 구성되며 이들은 서로 영향을 주고받으며, 때로는 경쟁하고 때로는 협력하지만 이들은 서로 운명을 공유한다. 즉, 어떤 개별 기업도 스스로의 노력과 관계없이 사라질 수 있다. 이들은 혁신 생태계를 구축해 신제품을 지원하고, 고객 니즈를 만족시키고, 궁극적으로 차세대 혁신을 구현하기 위해 협력적으로 동시에 경쟁적으로 일한다.

혁신생태계란 기업이 개별 제공물들을 결합하여 일관된 고객지향적 솔루션을 만드는 협력적 네트워크[51]이다. 도요타의 불안정화 이론은 끊임없 혁신이 이루어지도록 함으로써 공진화가 이루어질 수 있도록 지향하고 있다. 이를 위해서는 대학-연구소-해외 기술-벤처-경쟁업체의 기술 혁신이 열려 있어야 하며, 실험실에 있는 기술이 현장에 돌아올 수 있는 기회가 열려 있도록 해야 한다. 물론 능력 있는 외부의 협력업체를 위해 열려 있어야 한다.

공급자의 혁신 참여

혁신에 있어서 협력관계는 외부 공급자가 제공하는 부품이 원가에서 차지하는 비율이 더욱 증가하고 구매 기업의 원가, 품질, 기술, 스피드, 반응성에 직접적으로 큰 영향을 미침에 따라 더욱 부각되고 있다. 이러한 공급자 참여는 설계 아이디어에 관한 간단한 정보 교환에서부터 컴포넌트, 시스템, 공정 혹은 서비스를 공급자가 완전히 책임지는 것에 이르기까지 그 범위가 다양하며ESI: Extensive Supply Involvement, 참여 시점도 신제품 개발 과정의 초기에 참여하는 경우와 나중에 참여하는 경우로 나눌 수 있다.

공급자 참여로 인해 종종 더 나은 제품 디자인이 시장에 더 빠르게 출시되어 궁극적으로 고객에게 더 큰 가치를 제공한다[52]. 이처럼, 제휴공급자들과의 밀접한 네트워크는 부품 구매나 배달이 아닌 제품 개발 단계에서 더 중요한 역할을 한다[53].

혁신을 위한 공급자 협력에 대한 관심의 증가는 1980년대 일본 자동차, 전자업체의 성공으로 촉발되었는데 일본 기업들은 공급자와 밀접한 관계를 맺고 이들을 혁신 과정에 광범위하게 참여시키고 있었다. 한편, 미국이나 영국 등 서구 대기업들의 경우는 다운사이징과 핵심 역량 집중화 경향으로 공급자와의, 순수한 아웃소싱뿐만 아니라, 더 많은 협력 활동을 자극했다. 이러한 맥락에서, 장기적이고 신뢰할 수 있는 공급자와의 혁신을 위한 협력은 내부적 R&D 노력을 대체하는 것이 아니라 보완하는 경향이 있다[54].

실제 조사 결과 신제품 개발에서 구매자-공급자 협력은 신제품의 제품 품질, 제품 원가 목표 달성, 개발 예산 목표 달성, 개발 일정 달성에 긍정적인 영향을 미쳤다. 그러나 모든 공급자들을 신제품 개발 초기 단계부터 참가시키는 것이 바람직한 것은 아니다. 복잡한 품목의 공급자일 때, 시스템 또는 하위 시스템의 공급자일 때, 중요한 품목 또는 기술의 공급자일 때, 전략적 제휴 공급자일 경우 신제품 개발에 공급자를 조기에 참여시키는 것이 바람직하다[55]. 자동차 산업 분야의 연구들도 승인도 방식 설계의 블랙박스 부품이나 맞춤 부품에 공급자 조기 참여가 특히 적합한 것으로 나타났다[56]. 특히 학습은 블랙박스 하청관계에서 가장 잘 나타난다[57].

높은 공급자 조기 참여 수준은 낮은 제품통합 수준(즉, 낮은 내부 제조 비율), 더 넓은 공급자 범위 및 높은 부품 구매 비율과 밀접한 관련이 있는 것으로 나타났다[58]. 또한 공급자 참여는 성숙 산업 분야에서만 제품 개발을 가속화시킨다는 연구 결과도 있다[59]. 이러한 조직간 학습은 장기적으로는 생태계 전체의 지식 창출을 가져온다.

04
어떻게 **혁신**할 것인가?

하나의 신제품을 성공적으로 상업화할 수 있는 기업의 능력은 자신의 기술 전략에 달려 있을 뿐만 아니라 기업 생태계 내의 광범위한 조직들이 수행하는 활동들의 영향을 받는다[60].

따라서 혁신이 구체적인 프로젝트로 구현되고 상업화되려면 이는 기업 혼자만의 노력으로 되지 않으며 혁신 생태계 참가자들의 협력이 필수적이다.

공급자의 경우는 신제품 개발에 참가시키거나 긴밀한 상호작용을 유지함으로써 혁신과 관련한 기본적인 위험 요소는 제거할 수 있다. 그러나 이러한 초기 위험이 해결되었더라도 혁신의 성공을 확신하기 어려운데 기업의 혁신 성공은 기업 생태계 전반의 여건에 좌우되기 때문이다.

기업 생태계 관점에서 보면 기업이 획득한 혁신의 최종적인 성공 여부는 기업 생태계에 속한 다른 구성원들이 이러한 혁신을 지원하고(공급자), 관련된 혁신을 제공하고(보완적 제품 공급자), 이를 최종 고객에게 전달하는(중간 기업) 활동들을 얼마나 원활하게 수행하는가에 좌우된다. 즉, 혁신의 성공은 이들 혁신 관련 참가자들로 구성되는 혁신 생태계의 협력이 필수적이다.

기업은 혁신을 실행하는 데 있어 혁신 생태계가 야기하는 각 단계별 위험을 고려해 혁신 프로젝트를 계획하고 이에 기초해 각 참가자들의 협력을 얻기 위한 인센티브를 고안해야 한다. 이러한 위험은 초기 위험, 상호의존 위험, 통합 위험으로 구분할 수 있다[61].

초기 위험initiative risks이란 통상적인 혁신 위험으로서 혁신 생태계까지 고려할 필요가 없이 전통적인 공급사슬을 검토하면 충분히 파악할 수 있다. 초기 위험은 제품 자체의 실현 가능성, 고객이 얻는 혜택, 관련 경쟁자, 공급망의 적절성, 프로젝트 팀의 자질 등의 영향을 받는다.

상호의존 위험interdependence risks은 기업의 프로젝트가 성공하려면 이를 뒷받침할 기술이 성공해야 하는데 이들 각 혁신 프로젝트의 성공이 혁신의 구현 가능성을 결정할 것이다.

통합 위험integration risks은 비록 혁신이 구현되었더라도 이 혁신이 고객에게 최종적으로 전달되기 위해서는 중간 기업들이 이 혁신을 이용해 솔루션을 개발해야 한다. 모든 채택 단계에서 혜택이 비용을 초과하지 않는다면 중간 기업들은 혁신을 최종 고객에게 전달하는 것을 거부하기 때문에 이러한 혜택·비용의 분석과 동기부여 방안을 모색해야 한다.

이상의 위험들을 고려한다면 기업은 혁신 생태계를 무시한 이상적 기대 수준을 설정할 오류를 피하고 보다 현실적인 기대 수준을 계산할 수 있다. 이를 위해 기업은 혁신 생태계 구도를 작성해야 한다.

첫째, 혁신이 최종 소비자에게 도달하기 전에 그 혁신을 채택해야 하는 모든 중간 기업들을 파악한다.

둘째, 우리 회사와 중간 기업들이 혁신을 구현한 제품을 최종 고객에 전달하는 데 필요한 모든 보완재들과 보완재 생산자들을 파악한다.

셋째, 보완재 생산자들로 인해 발생하는 혁신의 지연 정도를 추정한다.

넷째, 채택 과정과 중간 기업들이 자사의 솔루션을 그들의 제품에 포함시키는 데 걸리는 시간으로 야기되는 지연 정도를 추정한다.

다섯째, 중간 기업들이 직면하는 상호의존성 및 통합 위험에 의해 야기되는 지연 정도를 추정한다.

여섯째, 위의 추정치들에 근거해 혁신의 시장화에 소요되는 시간을 계산하며 마지막으로 성과평가 기준을 재설정하는 과정을 거치게 된다.

기업 생태계 리더로서 기업의 역할

공용지의 비극tragedy of the commons을 보자. 공용지의 비극이란 주인 없는 목초지에서 무차별적인 나무 베기로 삼림은 황폐화되어가고 생태계의 먹이사슬 고리가 끊어지기 시작하면서 의도하지 않았던 피해가 발생한 비극을 말한다. 예를 들면 멀리 아프리카 지방의 사막화나 가까이 우리 주변에 관리되지 않고 있는 빈 공터의 피폐화가 좋은 예로, 자연의 소유권이 명확하게 규정되어 있지 못해 아까운 자원이 낭비되고 마는 현상을 말한다.

이러한 현상이 나타나는 이유는 환경에 대한 주인의식의 결여이다. 즉 외부성이 존재하는 상황에서 소유권이 분명히 정의되지 못했기 때문이다.

시장에서 거래 주체의 자유의지만 강조한다면 외부성으로 인해 황폐해져가는 국가의 인프라로서 기업 생태계는 어떻게 될 것인가? 우리 기업 생태계 사정은 그렇게 녹록하지 않은 것이 현주소이다. 주인이 없는 기업 생태계는 외부성으로 인해 황폐해져가고 말 것이다.

대·중소기업의 상생협력도 주인의식이 있는 대기업과 중소기업을 통해 황폐해지는 우리의 기업 생태계를 건강하게 만들어가자는 것이다.

대기업은 기업 생태계의 리더keystone organization로서 기업 생태계의 다양한 니치기업niche player을 구성하는 생태계 참가자인 중소기업들이 제 역할을 할 수 있도록 지원하고 혁신 창출을 위한 다양한 동기부여를 제공해야 한다.

특히 기업 생태계 전체의 관점에서 기업 생태계의 리더는 생태계 참가자들 간의 연결을 중개함으로써 이들 간의 연결 과업을 단순화하거나 생태계 참가자들이 신제품을 보다 효율적으로 창출할 수 있는 메커니즘을 제공함으로써 생태계의 생산성을 높여야 한다.

아울러 기술 혁신을 일관되게 구현하고 새롭고 불확실한 환경에 참가자들이 대응할 수 있도록 신뢰성 있는 준거점을 제공함으로써 생태계의 견고성·안정성을 증대시켜야 한다. 또한 혁신적 기술을 여러 참가자들에게 제공함으로써 생태계의 다양성과 니치 창출 즉, 혁신을 자극해야 한다.

기업 생태계에서 중소 부품 기업이나 연구소, 학계 등은 니치기업으로서 또는 보완재 생산자로서 각기 차별화되는 전문화된 능력들을 개발해야 한다. 즉, 다른 니치기업이나 리더기업의 보완적 자원들을 활용해 협소한 분야에서의 전문성을 고양하는 데 에너지를 집중해야 한다[62]. 이렇게 될 때 기업 생태계는 열린 혁신의 메카니즘이 작동하게 되고 건강하고 지속가능한 국가경쟁력의 인프라로 발전할 수 있을 것이다.

05

인텔과 P&G의 열린 혁신 전략

인텔: 벤처기업 투자를 통한 혁신과 시장 개발

인텔은 기업 내부가 아닌 외부에서 혁신 아이디어를 얻어 사업을 성공시켰다. 인텔은 신기술 획득을 통한 최상의 경쟁력 유지 및 마이크로프로세서 시장 확대를 목적으로 벤처기업을 전략적 파트너로 활용하고 있다. 1991년 인텔캐피털 설립 후 현재까지 1,000여 개 기업에 총 40억 달러 이상을 투자하여(주로 지분 투자형 네트워킹) 인텔과 인텔을 둘러싼 신생 기업 커뮤니티 간의 강력한 연결관계를 구축했다.

1980년대 초, 인텔은 설계 및 제조 과정에 들어가는 고품질 투입물의 안정적 공급을 위한 투자를 시작했다. 대상 기업들은 소프트웨어, 마이크로 코드, 컴포넌트 디자인, 장비 회사들이 포함되었다. 이 벤처 투자는 재무적 이익도 꾀하였으나 전략적 성격(사업 목표 달성을 위한 기술 공급 기반의 구축)이 강했다. 1990년대 중반 이러한 벤처 투자는 공급 네트워크에서 나아가 인텔의 마이크로프로세스 제품을 떠받치고 있는 소프트웨어 및 하드웨어 개발자들의 시장 생태계에까지 확대되었다. 인텔에 고무적인 것은 이러한 생태계에의 투자는 새로운 고속 펜티엄 칩의 채택을 가속화시킨다는 것이다. 많은 기업들이 펜티엄 프로세서에 맞는 제품을 만든다면 그리고 이를 효과적으로 실행하기 위해 더 빠른 프로세서를 필요로 한다면 이는 펜티엄 칩의 판매를 증가시킬 것이다. 이러한 목적으로 인텔은 공동마케팅활동, 기술협력, 자본 투자를 통해 외부 투자를 적극적으로 확장했다. 한마디로 인텔캐피털은 인텔 생태계Intel ecosystem라는 지식 자산을 구축하고 있는 것이다.

인텔: 산학연계를 통한 기초연구 지원

1968년 설립된 비교적 젊은 기업인 인텔의 큰 성공에서 주목해야 할 점은 이러한 성공에 이르는 과정에서 인텔은 이 분야에서 자체적으로 기초연구를 수행한 적이 거의 없으며 1990년대 중반까지 공식적인 연구조직도 없었다는 것이다. 인텔은 혁신 아이디어를 외부에 크게 의존하였으며 최고의 연구조직이 아닌 최고의 개발조직을 지향하였다.

현재도 인텔에 새로운 연구원이 입사하면 먼저 6개월 동안 공장에서 근무하도록 하고 있다. 외부 연구결과의 탐색에 있어서도 문제에 대한 직접적인 해답이나 근거만을 탐색하는 과정을 반복하는 실용적인 접근을 취한다. 인텔의 성공을 가져온 마이크로프로세서의 아이디어도 인텔의 2차 고객인 일본의 한 계산기 제조업체의 주문을 처리하는 과정에서 탄생했다.

1996년 인텔은 자사의 급성장과 업계의 반도체연구예산의 감소에 대응하여 내부 연구조직을 구축하기로 하였다. 그러나 과거의 경험에 따라 인텔은 집중화된 연구설비가 아닌 분권화되고 분산된 세 개의 각기 전문화된 연구조직(CRL, MRL, IAL)을 설립하였다.

이들 내부 연구조직의 주요 역할은 외부 연구커뮤니티와 인텔을 연결시키는 데 있다. 우선 이들 세 개 연구조직은 공동으로 매년 내부 컨퍼런스를 개최한다. 또한 내외부의 연구자들이 참여하는 수많은 연구 포럼 및 세미나를 주최하며, 〈Intel Technical Journal〉을 발행하여 연구 커뮤니티를 지원하고 있다. 둘째, 인텔의 연구인력에게 요구되는 능력은 새로운 아이디어를 찾기 위한 연구보다는 개발에 초점을 두고 있다. 구체적으로 인텔은 외부 연구자들과 공동으로 작업할 수 있고 그 결과를 개발로 연결하거나 이를 바로 제조 부문으로 연결할 수 있는 능력을 연구원들에게 요구한다. 나아가 여러 지역에 분산된 상이한 연구활동들을 연결하여 효과적인 미래 시스템으로 구축할 수 있는 시스템 설계자로서의 능력도 요구하고 있다.

2001년 인텔은 기존의 산학연계를 발전시켜 버클리대, 카네기멜론대, 영국 캠브리지대, 중국 칭화대 등 대학과 공동으로 랩렛^{Lablet}이라는 소규모 연구소들을 설립하였다.

랩렛의 규모는 40명 정도이며 인텔과 대학이 각각 20명씩 참가하며 참가교수는 2~3년 동안 대학을 휴직하고 공동연구를 진행한다. 이처럼 인텔은 모든 산학연계 지원에서 연구초기부터 자사의 연구인력을 참여시키거나 자사의 연구인력과 외부연구인력이 지속적으로 커뮤니케이션할 것을 요구하고 있다.

P&G : C&D 전략을 이용한 혁신 아이디어 발굴

P&G는 R&D 생산성의 정체와 급증하는 혁신비용에 직면해 기존의 내부 발명 모델의 한계를 절감하고 1999년부터 C&D 전략^{Connect and Develop} Strategy을 채택하고 있는데 이를 통해 P&G는 혁신의 50%를 외부에서 조달하는 것을 목표로 하고 있다. 이제는 P&G의 혁신 및 수익의 35% 이상을 외부에서 도입한 혁신 아이디어가 기여하고 있다. 예를 들면, 2004년 출시한 프링글스 감자칩의 경우 외부 혁신 아이디어의 활용으로 신제품 출시 리드타임을 2년에서 1년으로 단축했다. 이러한 노력으로 P&G는 전반적으로 R&D 생산성을 60%나 증가시킬 수 있었다. P&G는 또한 회사에서 활용하지 않는 아이디어는 3년이 지나면 경쟁사라도 이용할 수 있게 공개하고 있다.

P&G의 C&D 전략은 단순한 기술 아웃소싱과 차이가 있다. 아웃소싱이 저원가 공급자들에게 작업을 맡기는 반면 C&D는 새로운 아이디어를 발견하고 이를 내부로 가져와 내부 능력을 고양하고 내부 능력을 활용하는 데 초점을 둔다. 이러한 과정을 통해 P&G에서는 전 세계의 조직들 및 개인들과 협력하면서 독자적으로 또는 다른 기업과 파트너십

그림3-7 P&G의 C&D 전략의 개요

검토 대상 아이디어	증명된 아이디어; P&G의 기존 역량 활용 분야
탐색 분야 및 원칙	톱10 고객 니즈; 인접 분야; 기술 영향 분석
아이디어 탐색 네트워크	독자적 네트워크(사내 기술 전문가, 톱15 공급자); 개방적 네트워크(NineSigma, InnoCentive, YourEncore, Yet2.com)

을 통해 개선하고 확대하고 시장화할 수 있는 증명된 기술·포장·제품을 체계적으로 탐색한다.

외부 아이디어를 탐색할 때 C&D 전략은 성공했거나 성공 가능성이 높은 제품·기술에 초점을 둔다. 또한 P&G가 보유한 기존의 기술, 마케팅, 유통, 또는 여타 능력들을 활용하면 구체적으로 혜택이 있을 아이디어나 제품에 초점을 둔다.

아이디어 탐색의 집중도를 높이기 위해 P&G는 기술영향분석위원회 technology game boards를 통해 한 분야에서의 기술 획득 활동이 다른 범주의 제품들에 어떤 영향을 미칠 것인가를 평가한다. "강화해야 할 핵심 기술은 무엇인가?" "경쟁에 더 잘 대응하려면 어느 기술을 획득해야 하는가?" "이미 보유하고 있는 기술 중에서, 어느 것을 라이센싱하여 판매하거나 공동 개발하기를 원하는가?" 이러한 질문에 대한 해답들은 혁신 탐색에 있어 대략적인 방향을 제시하며 특히 탐색할 필요가 없는 영역을 알려준다.

상 생 경 영

건강하고 지속가능한
기업 생태계를 위해

건강하고 지속가능한 기업 생태계를 위해

지난 1997년 IMF위기 이후에 우리나라 총고용의 87%를 차지하고, 부품·소재 산업에서 중추적 역할을 담당하는 많은 중소기업들이 생산 시설을 중국이나 동남아 등지로 이전하고 있으며 심지어 국내 생산 공장 부지를 활용해 부동산 사업으로 전환하는 사례도 있다. 이는 중소기업들이 차별화되고 경쟁력 있는 기술력을 보유하지 못함에 따른 낮은 수익성에 기인한다.

기업의 수익성을 나타내는 제조업 부문 대·중소기업 간 영업이익률을 살펴보면, 2003년에는 대기업이 8.2%, 중소기업이 4.6%로 격차가 3.6%에 불과했으나, 2004년도에는 대기업이 9.4%, 중소기업이 4.1%로 그 격차가 5.3%로 심화되었고, 2005년은 대기업이 7.2%, 중소기업이 4.4%로 나타나 그 격차가 좀처럼 좁혀지지 않고 있다.

그러면 어떻게 이 문제를 해결해야 할까?

상생협력이 이 문제를 푸는 열쇠가 될 수 있다. 대기업들이 자기의 생존 기반이 되는 중소기업을 도외시할 경우, 결국은 생존 기반을 상실하고 자멸할 수도 있다. 대기업의 단기적인 이윤극대화는 대·중소기업 간 연결 고리인 기업 생태계를 와해시킬 수 있다. 대신 중소기업과의 협력을 강화함으로써 기업 생태계의 고리가 복원되어야 글로벌 성장이 가능할 것이다. 따라서 상생협력이란 대기업이 중소기업의 역량개발을 지원함으로써 장기적으로 기업 생태계를 가꾸어 지속가능한 성장 기반을 구축해가는 것이다.

하버드 대학의 이안시티M. Iansiti교수는 세계 초일류 기업은 창조적이고 건강한 기업 생태계 조성을 통해 성공하고 있다는 점을 강조한다. 우리도 이제 기업 생태계에 관심을 가져야 한다.

상생경영은 대기업과 중소기업이 저임금을 가지고 싸우는 것이 아니라 기술을 매개로 나라 전체의 기업 생태계의 경쟁력을 강화해 모두가 잘사는 것을 목표로 한다. 경영현장에서 우리가 당면한 문제를 풀기 위해서는 협력의 부가가치가 경쟁의 부가가치보다 높고 지속가능한 발전모델이라는 것을 직시해야 할 것이다. 즉 상생협력은 건강하고 지속가능한 경제 생태계를 만들어가는 수단이며, 이를 통해 대기업과 중소기업이 동반 성장하고 나아가 국가경쟁력을 제고하는 길이다.

이러한 상생협력이 잘 이뤄지고 있다면 문제가 없겠지만 현실은 그렇지가 않다. 일부 좋은 사례도 나오고 있지만, 대기업은 중소기업을 주로 생산 혁신의 파트너로 원하는 반면, 중소기업은 대기업을 자기가 생산한 물건을 사주는 판매의 파트너로 인식하고 높은 가격으로 자사의 물건을 구매해주기를 원한다.

이 같은 대·중소기업 간 인식의 차이가 상생협력에 큰 장애물이다. 상호 간 이해가 일치하면 협력은 저절로 이루어질 수 있다. 이러한 상호 간 이해와 조정 없이 지원만 한다면 성과를 내기보다는 오히려 엄청난 비용만 초래할 것이다.

이러한 대·중소기업 간 상생협력이 제대로 추진되기 위해서는 무엇이 필요할까?

먼저 시장 친화적인 상생협력이어야 한다. 이를 위해서는 상생협력이 대기업에게 일방적 부담을 강요하는 것이 아니라, 상호호혜적인 동반 성장을 지향해야 한다. 그리고 궁극적으로 소비자 후생 증대에 기여하는 상생협력이 되어야 한다.

다음으로 멀리 보는 상생협력이어야 한다. 단기적 관점의 수익 중시 경영에서 탈피해 장기적으로 윈-윈하는 지속가능한 성장의 원동력이 되도록 해야 한다. 장기적인 경쟁력을 높여가는 전략이 되어 자기 증진 사이클self-heightening cycle을 가진 협력으로 발전하도록 해야 지속성이 생긴다. 이렇게 함으로써 멀리 보는 상생협력은 궁극적으로 기업 발전 전략에서 기업 생태계 발전 전략으로 진화하도록 해야 한다.

나아가 상생협력에 대해 대기업과 중소기업이 함께 공감해야 한다. 흔히 상생협력이라 하면 현재의 파이를 나누는 것이라 생각하지만, 파이를 키워야 서로 윈-윈할 수 있다. 무엇보다도 중소기업의 역량을 키워 부가가치를 극대화할 수 있다는 점에 공감해야, 상생협력이 단지 부담이 아닌 전략이 될 수 있다.

지금까지 우리나라의 대·중소기업관계는 주로 협력이라기보다는 비용 절감을 위한 분업 차원에 머물고 있다. 특히 완성업체와 부품업체의 관계는 수평적 계열관계로 진화하는 면이 없지 않지만 수직적 계열관계를 바탕으로 한 단순한 협력으로 보는 관점이 일반적이었고, 극단적인 경우에는 부품업체를 단순한 생산 하청업체로 보기도 한다.

하지만 이제 이러한 단순하고 일반적인 협력은 기업들 간의 진화하는 역동적 관계를 강조하는 공진화적 협력으로 변화해야만 한다. 즉 대기업이 중소기업을 혁신 동반자로 인식하고 역동적인 협력관계를 만들어나가야 한다.

완성업체는 연구 개발을 통해 부품 간 상호조화성이 중요한 상성(相性)의 진화 경쟁을, 부품업체는 생산성과 신뢰성의 생산 기술 진화 경쟁을, 모듈업체는 소성(素性) 좋은 모듈 개발과 진화의 파트너로서의 모습을 필요로 한다.

이렇게 변화될 경우 제품 개발 기간의 단축이 가능해지며, 협력업체의 전문화, 대형화도 이루어질 수 있다. 또한 부품의 원가절감에 따라 조립 원가절감이 가능해지고, 협력업체의 기술 개발 및 마케팅 능력 강화 등의 다양한 효과를 거둘 수 있다.

또한 상생협력을 통해 사람과 기술을 바탕으로 가치지향형 혁신경제를 만들어야 한다.

우리나라도 이제 더 이상 저비용 국가라 할 수 없기 때문에 국제무대에서 원가 경쟁력으로 싸울 수는 없는 상황으로, 투입주도형 경제에서 혁신주도형 경제로 이행하고 있다. 원가 경쟁력에서 가치지향형 품질 경쟁력과 기술 경쟁력으로 변신해야 한다.

포터가 말하는 혁신주도형 경제에서는 설비 위주의 경쟁력이 아닌 기술과 사람에 의해서 만들어가는 가치지향형 경쟁과 기술의 고도화와 융복합화가 강조된다. 가치지향형 품질과 기술 경쟁을 위해서는 조립 대기업만으로는 혁신 창출에 한계가 있다. 기술과 품질을 뒷받침하는 중·소 부품기업이 성장해야 조립 대기업의 지속적인 성장도 가능하다.

그러면 대·중소기업 간 상생협력을 성공적으로 추진하는 데 있어,

여기에 참여하는 경제 주체들의 역할은 무엇인가?

기본적으로 상생협력의 추진 주체는 대기업과 중소기업이다. 손뼉도 마주쳐야 소리가 나듯이, 상생협력도 어느 한쪽의 노력으로 성공할 수는 없다. 따라서 대기업, 중소기업 모두가 상생협력에 대한 인식과 함께 각자에게 요구되는 역할에 충실해야 한다.

무릇 상생협력의 전략적 유효성에 대해 기업 최고경영자가 갖는 신념의 크기가 상생협력 성과의 크기를 결정한다고 할 수 있다. 그만큼 상생협력에 있어서는 경영자의 신념이 중요하다. 따라서 대기업의 최고경영자는 상생경영에 대한 확고한 인식을 바탕으로 상생협력 전담 조직, 내부 평가 시스템 구축 등 상생경영을 제도화하는 한편, 상생경영 투자를 지속적으로 확대해나가야 한다. 아울러 중소기업들은 대기업의 일방적인 지원만을 바라기보다는 스스로의 혁신 역량을 키워가는 기업가 정신이 요구된다.

기업 차원에서 상생협력이 자율적으로 이루어지는 데는 상당한 시간이 소요되지만, 여기에 정책적 지원이 체계적으로 이루어진다면 그 시간을 단축시킬 수 있을 것이다. 따라서 정부는 기업 간 시장 실패가 발생하는 영역에서 이를 보완하고 기업 간 협력과 조정을 위한 인센티브를 마련하는 등 시장에서 상생협력이 자율적으로 작동될 수 있도록 법적·제도적 환경을 개선하는 노력을 다해야 한다.

상생협력은 대기업과 중소기업, 정부의 노력만으로 달성하기 어려운 과제다. 우리 사회에서 상생협력 분위기가 조성되지 않으면 기업의 상생협력도 제대로 성공하기 어렵다[63]. 기업을 둘러싼 다양한 이해관계자들이 상생협력에 대해 충분히 이해하고 그 가치를 인정할 때 비로소 성공할 수 있다. 나아가 기업 차원을 넘어 국가경쟁력 차원에서 기업,

정부, 금융, 학계 및 언론 사이에서도 상생협력이 이루어져, 상생협력에 대한 공유 지식이 자연스럽게 국가 전체적으로 확대되어야 한다.

이렇듯 각 경제 주체들의 역할이 제대로 발휘될 때 비로소 대·중소기업 간 상생협력이 기업의 글로벌경쟁력을 높이고 나아가 국가경쟁력으로 이어져 우리 경제에 활력을 불어넣어 국민들의 삶의 질을 한 차원 높이는 선진형 산업 구조로 진입할 수 있을 것이다.

＊1부

1) 무어는 저서 『경쟁의 종말』에서, '기업 생태계(Business Ecosystem)와 공동 진화' 라는 새로운 기업 패러다임을 제시했다.

2) 기업 생태계에는 공급자, 유통 회사, 경쟁자들이 상호작용하고 있다. 이렇게 확장되어진 기업 개념을 파인(1994)은 역동적으로 확장된 기업(The dynamic extended enterprise)이라 불렀다. 이러한 확장된 기업 개념의 출현으로 독립적 기업 개념은 점차 가치사슬 네트워크 개념으로 바꾸고 있으며, 최근 기업 생태계라는 용어가 확산되고 있다(Ron Adler, Innovation Ecosystem, HBR, 2006. 4.; Strategy As Ecology, Marco Iansiti and Roy Levien, HBR, 2004. 3. 등). 독립적 기업(de-constructed firm) 개념이란 한 기업이 타 기업과는 독립적으로 기업 내에서 수행되는 가치 부가적 기능들의 하위 집합(R&D, 디자인, 제조)에 초점을 맞추는 개념이다. 그러나 통합적으로 수행되었던 독립 기업의 활동은 다수의 기업으로 분산되면서 점진적 해체가 일어나고 있다. 가치사슬 네트워크란 가치사슬상에서 기업 간 서로 밀접한 연계관계를 가지고 부가적 파트너십(value-adding partnership, Anderson, Hakansson & Johanson, 1994)을 형성해 공동으로 활동하는 기업 간 네트워크를 말한다. 이러한 개념하에서는 어떤 기업도 고독한 섬이 아니며, 공급사슬선상에서 다양한 기업이 효율적으로 상호결합되어 움직이고 있을 뿐이다. 각 기업은 최종 소비자의 욕구 충족을 위해 시스템 통합을 전제로 한 공급사슬에 의해 연결되게 되며, 이러한 연결 구조로 여러 기업이 하나의 확장된 기업 생태계로 존재하게 된다.

3) 부품 세트를 외국에 보내 이를 현지에서 조립·판매하는 방식으로 비용 및 생산의 효율성과 무역 마찰 해소, 자국 산업 육성 등을 위해 활용되며 주로 완성품 조

립에 필요한 모든 부품을 수출하는 CKD(complete knockdown)와 일부를 현지에서 조달하는 SKD(semi knockdown)가 있다.

4) Adner, R. "Match Your Innovation Strategy to Your Innovation Ecosystem," Harvard Business Review, 84, 2006. 4. 4. pp. 98~107.

5) 서울대 경영대학 임종원 교수의 P-S-B-P 패러다임이다.

6) J. Liker 저, 김기찬 역, 『도요타방식』, 가산출판사, 2004.

7) 「대 · 중소기업 협력 실태 조사」, 대한상의, 2004. 10.

8) L. von Mises 저, 윤용준 역, 『경제적 자유와 간섭주의』, 자유기업원, 1997

* 2부

9) 아담 스미스의 '보이지 않는 손'이 바로 소비자 후생을 극대화시키는 시장경제 원리다. 시장경제 원리는 간단하게 초과 수요가 발생하면 가격이 상승하고 초과 공급이 발생하면 가격이 하락하는 것을 시사하지만, 이런 메커니즘이 소비자 후생까지 극대화하려면 시장 구조는 완전경쟁시장이 되어야 한다.

10) Williamson(1985)의 위와 같은 세 가지 분류와는 달리, Milgrom과 Roberts(1992)는 자산 특이성, 빈도와 듀레이션, 복잡성과 불확실성, 성과 측정의 어려움, 거래 연계성이 다섯 가지를 거래 구분의 차원으로 설명하고 있다.

11) 이 경우 부품의 외부 구입 가격은 내부 생산 원가보다 낮다고 가정한다.

12) O.E. Williamson, "The Economic Institutions of Capitalism", the Free Press, 1985, pp. 47~48.

13) Donald Griesinger, "The Human Side of Economic Organization", Academy of Management Review, Vol.15, No.3, 1990, pp. 470~499.

14) 파인 교수는 기업의 제품 개발과 SCM을 통합하는 사고의 필요성을 강조하고 있다. 그는 "Clcokspeed-Winning Industry Control In the Age of Temporary Advantage"에서 3차원 동시공학(three-dimensional concurrent engineering, 3-DCE)이라는 개념하에서 제품, 공정, 공급사슬의 동시적 관리의 중요성을 강조하고 있다. 제품과 공정만의 2차원 동시 공학을 실시하고 있는 기업들의 경우는 공급사슬 개발이 위험에 처하는 경향이 있으며, 공급사슬 설계에 관한 의사결정을 제품 개발 과정에서 완전히 통합되지 않으면 안 된다고 주장하고 있다.

15) 파인 교수는 이 확장된 기업을 조직들의 사슬, 기술들의 사슬, 역량들의 사슬이 라는 세 가지 가닥으로 이루어지는 것으로 볼 것을 제안하고 있다(a chain of organization, a chain of technologies, and a chain of capabilities).

16) 파인, "a chain of organization", 1998.

17) 주현, 2005.

18) 파인, "a chain of organization", 1998.

19) 사회적 자본으로서 신뢰가 필요하며, 상생협력은 '고신뢰' 경쟁력으로 끌어가 는 화두이다. 신뢰가 높아지면 기업 간 협력이 강화되며, 상호학습이 잘 이루어 지고 공진화가 이루어지게 된다.

20) Fukuyama, F., Trust: The Social Virtues and the Creation of Prosperity, London, Hamish Hamilton.

21) 파인, "a chain of organization", 1998.

* 3부

22) Harvard Business School 연설 중, 1987.

23) Helper, S. "Comparative supplier relations in the US and Japanese auto industries: An exit/voice approach," Business and Economic History, 2nd series 19, 1990.

   Helper, S. and D.I. Levine, "Long-term Supplier Relations and Product-Market Structure", The Journal of Law, Economics & Organization, V8, N3, 1992.

24) Hirschman, A.O., Exit, voice, and loyalty, Harvard University Press, Cambridge, 1970, Massachusetts. 허쉬만은 조직, 회사, 나아가 국가가 쇠퇴 할 때 구성원들이 선택할 수 있는 대안으로 '빠져나가기(Exit)', '목소리내기 (Voice)', '충성하기(Royalty)' 등 세 가지를 제시한다. 빠져나가기(Exit)는 말 그 대로 조직을 퇴출하는 것이다. 목소리내기(Voice)는 못마땅한 조직을 적극적으 로 개선하려는 시도를 뜻한다. 충성하기(Royalty)는 조직이 기대와 달리 움직이 더라도 충성을 바치는 처세를 말한다. 허쉬만에 따르면 어떤 반응을 보이느냐를 결정하는 주요인은 '조직(의 잠재성)에 대한 신뢰'와 '개인의 능력'이다. 능력이

있고 조직을 신뢰하는 사람은 목소리내기(Voice)로 나오고, 능력은 있으나 조직에 대한 신뢰가 없는 사람은 빠져나가기(Exit)를 선택한다고 한다. 신뢰도 능력도 없는 사람은 충성하기(Royalty)의 반응을 보인다고 한다(동아 노블리안 6. 17/242호), 2004.

25) Sako, M. and S. R. Helper, 'Supplier Relations and Performance in the Auto Industry: European-Japanese-US Comparisons of the Voice/Exit Choice', IMVP Paper, 1995. 5.

26) Helper, S. and D. I. Levine "Long-term Supplier Relations and Product-Market Structure", The Journal of Law, Economics, & Organization, V8. N3. 1992.

27) Sako, M. and S. R. Helper, 'Supplier Relations and Performance in the Auto Industry: European-Japanese-US Comparisons of the Voice/Exit Choice', IMVP Paper, 1995. 5.

28) Capital 개념은 경제학에서 산업혁명을 설명하기 위해 경제 이론을 만드는 과정에서 생산성을 대폭 높인 도구를 설명하는 개념으로서 탄생했다.

29) OECD 정의에 따르면 social capital은 network shared norms(공유하고 있는 규범, 가치관)이 협력을 증진시켜 지렛대 역할을 하는 것으로 Social Capital: 사람과 사람 간의 관계=network shared norm(신뢰)이다.

30) 일본의 자동차 부품 산업도 1960년대 승인도 방식의 설계 중심 능력 구축에서부터 시작되어왔다.

31) Ba, S. P. A. Pavlou Evidence of the effect of trust building technology, MIS Quarterly. Vol. 26, Iss. 3, 2002.

32) 심리적 계약이 축적되면 신뢰가 높아진다(윤석철, 마음(Feeling) 관리, 기업의 운명을 결정, 대한상의강의 자료, 2006. 7. 27).

33) Sako, M. Does Trust Improve Business Performance? In Lane, C. and R. Bachmann(eds.), Trust within and between organization-Conceptual issues and empirical applications, Oxford, Oxford University Press, 1998.

34) 박지윤, "비즈니스 아키텍처 개념에 의한 신뢰 계층화 및 대·중소기업 상생협력 모형 개발", 가톨릭 대학교 대학원 경영학과 박사 학위 논문, 2006.

35) Sako, M., 'Does trust improve business performance?' Trust within and between Organizations, ed. Lane, C. and Bachmann, R., Oxford

University Press, 1998, New York, pp. 88~117.

36) 김기찬, Strateies for Generating E-Business Returns on Investment, Shin(ed), "Effects of IT on Supply Chain Management in the Automobile Industry(chapter 3), 2004, Idea Group Publishing.

37) Gurbaxani, V., and Whang, S. "The Impact of Information Systems on Organizations and Markets", Communications of the ACM(34:1), 1991, pp. 61~73.

38) 기업은 현재의 상태에 머물려는 관성의 법칙이 작용하고 있다(안주 이론).

39) 삼성종합화학은 오후 3시에는 업무를 중단하고 "날 새는 방"(날마다 새로운 아이디어를 발굴하는 방)에서 자유로운 토론을 통해 문제 해결과 아이디어를 발굴하기도 한다.

40) 윤석철, "기술 개발의 경영학적 고찰", 1998.

41) Adner, R, Innovation Ecosystem, HBR, 2006. 4.

42) Reed, F. M. and K. Walsh, "Enhancing Technological Capability through Supplier Development: A Study of the U.K. Aerospace Industry", IEEE Transactions on Engineering Management 49(3), pp. 231~242.

43) Chang 2003; Rigby, D. and C. Zook 2002, "Open-Market Innovation," Harvard Business Review, 80(10. 10), pp. 80~89.

44) Nooteboom, B, "Institutions and Forms of Co-ordination in Innovation Systems", Organization Studies, 21(5), 915~939, 2000.

  Roy, S., K. Sivakumar, and I. F. Wilkinson , "Innovation Generation in Supply Chain Relationships: A Conceptual Model and Research Propositions", Journal of the Academy of Marketing Science, 32 (1), pp. 61 ~79, 2004.

45) R&D(Research and Development)에서 R은 아이디어이며 D는 이를 제품이나 서비스, 공정으로 구현하여 상업화하는 것이다.

46) Rothwell, R. "Successful Industrial Innovation: Critical Success Factors for the 1990s", R&D Management, 22,1992. 3, pp. 221~239.

  Rothwell, R. "Towards the Fifth-generation Innovation Process", International Marketing Review, 11(1), pp. 7~31.

47) Tether, B. S, "Who Co-operates for Innovation, and Why: An Empirical Analysis", Research Policy, 31, 2002. 8. 6, 2002, pp. 947~967.

48) Ragatz et al, 1997.

49) Iansiti, M. and R. Levien, "Strategy as Ecology", Harvard Business Review 82, 2004, pp. 68~78.

50) Moore, J. F., "Predators and Prey: A New Ecology of Competition", Harvard Business Review, 71, 3, 1993, pp. 75~83.

51) Adner, R., "Match Your Innovation Strategy to Your Innovation Ecosystem", Harvard Business Review 84, 2006. 4. 4, pp. 98~107.

52) Ragatz, G. L., R. B. Handfield, and K. J. Petersen, "Benefits Associated with Supplier Integration into New Product Development under Conditions of Technology Uncertainty", Journal of Business Research, 55 2002. 5, pp. 389~400.

53) Liker, J. K., R. R. Kamath, S. N. Wasti, and M. Nagamachi, "Supplier Involvement in Automotive Component Design: Are There Really Large US Japan Differences?" Research Policy, 25, 1996. 1. 1, pp. 59~89.

54) Tether, B. S., "Who Co-operates for Innovation, and Why: An Empirical Analysis," Research Policy, 31, 2002. 8. 6, pp. 947~967.

55) Handfield, R.B. and E.L. Nichols, Introduction to Supply Chain Management, Upper Saddle River, 1999, NJ, Prentice-Hall.

56) Bidault, F., C. Despres, and C. Butler, "The Drivers of Cooperation between Buyers and Suppliers for Product Innovation", Research Policy, 26, 1998.4. 7~8, pp. 719~732.

Clark, K. B. and T. Fujimoto, Product Development Performance: Strategy, Organization and Management in the World Auto Industry., 1991, Boston, MA: Harvard Business School Press.

57) Sobrero, M. and E. B. Roberts, "The Trade-off Between Efficiency and Learning in Interorganizational Relationships for Product Development", Management Science, 47, 2001. 4. 4, pp. 493~511.

Sobrero, M. and E. B. Roberts, "Strategic Management of Supplier? Manufacturer Relations in New Product Development", Research Policy,

　31, 2002. 1. 1, pp. 159~182.

58) Bidault, F., C. Despres, and C. Butler, "The Drivers of Cooperation between Buyers and Suppliers for Product Innovation", Research Policy, 26, 1998. 4. 7/8, pp. 719~732.

59) Eisenhardt, K. M., and B. N. Tabrizi, Accelerating adaptive processes: Product innovation in the global computer industry, Administrative Science Quarterly. Vol. 40, Iss. 1, 1995.

　Ragatz, G. L., R. B. Handfield, and K. J. Petersen, Benefits Associated with Supplier Integration into New Product Development under Conditions of Technology, 2002.

60) Spencer, J. W., "Firms" Knowledge-Sharing Strategies in the Global Innovation System: Empirical Evidence from the Flat Panel Display Industry", Strategic Management Journal, 24, 2003. 3. 3, pp. 217~233.

61) Adner, R., "Match Your Innovation Strategy to Your Innovation Ecosystem", Harvard Business Review 84, 2006,4. 4, pp. 98~107.

62) Iansiti, M. and R. Levien, "Strategy as Ecology", Harvard Business Review, 82, 2004. 3. 3, pp. 68~78.

* 에필로그

63) 피터 드러커 저, 이재규 역, 이노베이터의 조건, 2001, 청림출판.

이 책의 참고문헌

김기찬, "대·중소기업 상생협력의 개념과 비전", 2006.

김수욱, "기업 생태계와 공급사슬 관리", 2006.

나중덕·권기대, 『벤처기업－대기업의 성공적인 협력 모델』, 아산재단 연구총서
　102 집문당, 2002.

마이제스, L. v.(박병호 감역), 『인간 행위의 경제학(상)』, 경문사, 1987.

박지윤, 비즈니스 아키텍처 개념에 의한 신뢰계층화 및 대·중소기업 상생협력
　모형 개발, 가톨릭대학교 대학원 경영학과 박사학위 논문, 2006.

베리 J. 네일버프와 아담 M. 브란덴버거(김광전 역), 『코피티션』, 한국경제신문사,
　1996.

송창석, "열린 혁신의 길", 2006.

스티븐 코비, 『성공하는 사람들의 7가지 습관』, 김영사, 2003.

이종욱·백정숙·김정희·유주현·문선오, 『다원성, 경영 패러다임 변화와 경제
　성장 원천』, 명경사, 2005.

임일, "공급사슬에서 커뮤니케이션과 기업 간 신뢰와 협력", 2006.

칼 폴라니(이종욱 역), 『초기 제국에 있어서의 교역과 시장』, 대우학술총서 번역
　70, 민음사, 1994.

피터 드러커(이재규 역), 『이노베이터의 조건』, 청림출판, 2001.

L. von Mises 저(윤용준 역),『경제적 자유와 간섭주의』, 자유기업센터, 1997.

_____, The Possibility of Cooperation, Cambridge : Cambridge University Press, 1987.

_____. The Competitive Advantage of Nations, Free Press, 1990.

Adner, R., "Match Your Innovation Strategy to Your Innovation Ecosystem", Harvard Business Review, 84(4. 4), pp. 98~107, 2006.

Aldrich, H. E., Organizations and Environments, Englewood Cliffs, NJ : Prentice-Hall, 1979.

Anderson, E., and H. Gatignon, 1986, Modes of Foreign Entry : A Transaction Cost Analysis and Propositions, Journal of International Business Studies 17, pp. 1~26.

Arrow, Kenneth J., The Limits of Organization, W.W. Norton, New York, 1974.

Axelrod, R. and R. O. Keohane, "Achieving Cooperation Under Anarchy : Strategies and Institutions", In K. A. Oye(ed.), Cooperation Under Anarchy : pp. 226~254, Princeton, NJ : Princeton University Press. 1986.

Bakos, J. Y., and E. Brynjolfsson., From Vendors to Partners : Information technology and incomplete contracts in buyer-supplier relationships. Journal of Organizational Computing 3(3), pp. 301~328, 1993.

Bakos, J. Y., Interorganizational Information Systems : Strategic Opportunities for Competition and Cooperation. Ph.D. Dissertation, Sloan School of Management, Massachusetts Institute of Technology,

Cambridge, MA, 1987.

Barnard, Chester I., The Functions of the Executive, Harvard University Press, 1938.

Ben-Ner, Avner and Louis Putterman(ed.), Economics, Values and Organization, Cambridge University Press, 1998.

Bensaou, B. M., Portfolios of Buyer-Supplier Relationships, Sloan Management Review 40(4), pp. 35~44, 1999.

Bergen, M., Dutta, S., Walker Jr., O., Agency relationships in marketing: a review of the implications and applications of agency and related theories. Journal of Marketing 56(3), pp. 1~24, 1992.

Bidault, F., Despres,C., and C. Butler, "The Drivers of Cooperation between Buyers and Suppliers for Product Innovation", Research Policy, 26 (7·8, 4), pp. 719~732, 1998.

Brenkert, G. G., "Trust, morality and international business", Business Ethics Quarterly, 8(2), pp. 293~317.

Brown, J. S. and J. Hagel III, "Creation Nets: Getting the Most from Open Innovation", McKinsey Quarterly 2006, Issue 2, 2006.

Cannon, J. P. and C. Homburg, Buyers-supplier relationships and customer firm costs, Journal of Marketing 65(1), pp. 29~43, 2001.

Chang, Y. C, "Benefits of Co-operation on Innovative Performance: Evidence from Integrated Circuits and Biotechnology Firms in the UK and Taiwan", R & D Management, 33(4. 9), pp. 425~437, 2003.

Chesbrough, H. W., Open Innovation: The New Imperative for Creating and Profiting from Technology. Boston, MA: Harvard Business School

Press, pp. 34~41, 2003.

Christopher, M., Logistics and Supply Chain Management, Burr Ridge, IL: Financial Times, 1994.

Clark, K. B. and Fujimoto, T., Product Development Performance: Strategy, Organization and Management in the World Auto Industry. Boston, MA: Harvard Business School Press, 1991.

Clemons, E. K., S. P. Reddi, and M. Row., The Impact of Information Technology on the Organization of Economic Activity: The "Move to the Middle", Hypothesis. Journal of Management Information Systems 10(2), pp. 9~36, 1993.

Coleman, James S., Foundations of Social Theory, Harvard University Press, 1990.

Coleman, R., Foundations of Social Theory, Belknap Press, Cambridge, MA, 1990.

Cooper, R. and R. Slagmulder, Supply Chain Management for Lean Enterprises: Interorganizational Cost Management, Strategic Finance 80(4), pp. 15~16, 1999.

Dhanaraj, C. and A. Parkhe, "Orchestrating Innovation Networks", Academy of Management Review, 31(3), pp. 659~669, 2006.

DiMaggio, P., & Powell, W. W., The iron cage revisited: Institutional isomorphism and collective rationality in organizational fields. American Sociological Review, 48: pp. 147~160, 1983.

Dore, R., Goodwill and the spirit of market capitalism. British Journal of Sociology, XXXIV(4): pp. 459~482, 1983.

Dowlatshahi, S., Bargaining power in buyer-supplier relationships, Production and Inventory Management Journal 40(1), pp. 27~35, 1999.

Dyer, J. and H. Singh, "The Relational View: Cooperative Strategy and Sources of Interorganizational Competitive Advantage", Academy of Management Review, 23(4), pp. 660~679, 1998.

Dyer, J. H. and K. Nobeoka, "Creating and Managing a High-performance Knowledge-sharing Network: The Toyota Case", Strategic Management Journal, 21(3), pp. 345~367, 2000.

Dyer, J. H., D. S. Cho, and W. Chu, Strategic Supplier Segmentation: The Next "Big Practice" in Supply Chain Management, California Management Review 40(2), pp. 55~77, 1998.

Dyer, J. H., Specialized Supplier Networks as a Competitive Advantage: Evidence from the Auto Industry, Strategic Management Journal 17, pp. 271~291, 1996.

Dyer, J., "Does Governance Matter? Keiretsu Alliances and Asset Specificity as Sources of Japanese Competitive Advantage", Organization Science, Vol. 7, pp. 649~666, 1996.

Dyer, J.H. "Does Governance Matter? Keiretsu Alliances and Asset Specificity as Source of Japanese Competitive Advantage", Organization Science(7:6), pp. 649~666, 1996a.

Dyer, J.H. "Effective Interfirm Collaboration: How Firms Minimize Transaction Costs and Maximize Transaction Value", Strategic Management Journal(18:7), pp. 535~556, 1997.

Dyer, J.H., and Nobeoka, K. "Creating and Managing a High-performance

Knowledge Sharing Network: The Toyota Case", Strategic Management Journal(21), pp. 345~367, 2000.

Eisenhardt, K. M., "Agency Theory: An Assessment and Review", Academy of Management Review, 14(1), pp. 57~74, 1989.

Eisenhardt, K. M., "Agency-and Institutional-theory Explanations: The Case of Retail Sales Compensation", Academy of Management Journal, 31(3), pp. 488~511, 1988.

Eisenhardt, K. M., Control Organizational and Economic Approaches, Management Science 31,(2) , pp. 134~149, 1985.

Fine, C. Clockspeed-Winning Industry Control In the Age of Temporary Advantage, Perseus Books, 1998.

Fritsch, M. and R. Lukas, "Who Co-operates on R&D?" Research Policy 30, pp. 297~312, 2001.

Gassmann, O., "Opening Up the Innovation Process: Towards an Agenda", R & D Management, 36(3, 6), pp. 223~228, 2006.

Gossman, J., Presentation to Supply Chain Management Council Meeting, Kellog Center, Michigan State University, 1997.

Grahovac, J. and A. Chakravarty, Sharing and Lateral Transshipment of Inventory in a Supply Chain with Expensive Low-Demand Items. Management Science 47(4), pp. 579~594, 2001.

Gulati, R., N. Nohria, and A. Zaheer, "Strategic Networks", Strategic Management Journal, 21(3), pp. 203~215, 2000.

Gurbaxani, V., and Whang, S. "The Impact of Information Systems on Organizations and Markets", Communications of the ACM(34:1), pp. 61

~73, 1991.

Hagedoom, J., and Schakenraad, J. "The Effect of Strategic Technology Alliances on Company Performance", Strategic Management Journal(15), pp. 291~309, 1994.

Hambrick, D. C., An Empirical Typology of Mature Industrial-Product Environments, Academy of Management Journal 26, pp. 213~230, 1983.

Handfield, R. B., G. L. Ragatz, K. J. Petersen, and R. M. Monczka, "Involving Suppliers in New Product Development", California Management Review, 42(1, Fall), pp. 59~82, 1999.

Handfield, R.B. and E.L. Nichols, Introduction to Supply Chain Management, Upper Saddle River, NJ, Prentice-Hall, 1999.

Hannan M. T. and J. H. Freeman, Organizational Ecology, Harvard University Press: Cambridge, MA, 1989.

Hardin, Russell, Collective Action, Baltimore: Johns Hopkins University, 1982.

Heide, J. B., and John, G. "Do Norms Matter in Marketing Relationship?", Journal of Marketing (56:2), pp. 32~44, 1992.

Hennart, J. F., The transaction costs theory of joint ventures. Management Science, 37: pp. 483~497, 1991.

Hill, C. W. L., National institutional structures, transaction cost economizing, and competitive advantage: The case of Japan. Organization Science, 6: pp. 119~131, 1995.

Hoegl, M. and S. M. Wagner, "Buyer-Supplier Collaboration in Product Development Projects", Journal of Management 31(4), pp. 530~548,

2005.

Hunt, E. K., History of Economic Thought: A Critical Perspective, Wadsworth Publishing Co, 1979.

Huston, L. and N. Sakkab, "Connect and Development: Inside Procter & Gamble's New Model for Innovation", Harvard Business Review, 84(3, 3), pp. 58~66, 2006.

Iansiti, M. "Real-world R&D: Jumping the Product Generation Gap", Harvard Business Review(75:3), pp. 138~147, 1993.

Iansiti, M. and R. Levien, "Strategy as Ecology", Harvard Business Review 82(3, 3): pp. 68~78, 2004.

Iansiti, M. and R. Levien, "Strategy as Ecology", Harvard Business Review, 82(3 March), pp. 68~78, 2004.

Jarillo, J. C., "On Strategic Networks", Strategic Management Journal, 9(11 · 2), pp. 31~41, 1988.

Jensen, M.C., Meckling, W.H., Theory of the firm: managerial behavior, agency costs, and ownership structure. Journal of Financial Economics 3, pp. 305~360, 1976.

Johnson, W., "Assessing Organizational Knowledge Creation Theory in Collaborative R&D Projects", International Journal of Innovation Management, 6(4, 12), pp. 387~418, 2002.

Kaufman, A., C. H. Wood, and G. Theyel, "Collaboration and Technology Linkages: A Strategic Supplier Typology", Strategic Management Journal, 21(6, 6), pp. 649~663, 2000.

Kessler, E. H. and Chakrabarti, A. K., "Innovation Speed: A Conceptual

Model of Context, Antecedents, and Outcomes", Academy of Management Review, 21(4, 10), pp. 1143~1191, 1996.

Klein, Benjamin, "Vertical Integration as Organizational Ownership: The Fisher Body-General Motors Relationship Revisited", in Oliver E. 1991. Williamson and Sidney G. Winter(ed.), The Nature of the Firm-Origins, Evolution, and Development, Oxford University Press, 1993.

Kreps, David, Paul Milgrom, David Roberts, and Robert Wilson, "Rational Cooperation in the Finitely Repeated Prisoner's Dilemma", Journal of Economic Theory 27(August), pp. 245~252, 1982.

La Porta, Rafel, Florencio Lopez-de-Silanes, Andrei Shleifer, Robert W. Vishny, "Trust in Large Organizations", American Economic Review, pp. 333~338, 1997.

Lassar, W. M. and J. L. Kerr, Strategy and Control in Supplier-Distributor Relationships: An Agency Perspective, Strategic Management Journal 17, pp. 613~632, 1996.

Lavie, D., "The Competitive Advantage of Interconnected Firms: An Extension of The Resource-Based View", Academy of Management Review, 31(3, 7), pp. 638~658, 2006.

Lechner, C. and M. Dowling, "Firm Networks: External Relationships as Sources for the Growth and Competitiveness of Entrepreneurial Firms", Entrepreneurship & Regional Development, 15(1. 1~3), pp. 1~26, 2003.

Lechner, C., M. Dowling, and I. Welpe, "Firm Networks and Firm Development: The Role of the Relational Mix", Journal of Business

Venturing, 21(4. 7): pp. 514~540.

Lee, H.L., K.C. So, and C.S. Tang, The Value of Information Sharing in a Two-Level Supply Chain. Management Science 46(5), pp. 626~643, 2000.

Lee, H. L., Padmanabhan, V., and Whang, S. "The Bullwhip Effect in Supply Chains", Sloan Management Review 38(3), pp. 93~102, 1997a.

Lee, H. L., V. Padmanabhan, and S. Whang, Information Distortion in a Supply Chain: The Bullwhip Effect. Management Science 43(4), pp. 546 ~558, 1997b.

Liker, J. K., R. R. Kamath, S. N. Wasti, and M. Nagamachi, "Supplier Involvement in Automotive Component Design: Are There Really Large US Japan Differences?" Research Policy, 25(1. 1), pp. 59~89, 1996.

Lorange, P. and Roos, J., Strategic Alliances: Formation, Implementation, and Evolution, Cambridge, MA: Basil Blackwell, 1993.

Loury, Glenn, "A Dynamic Theory of Racial Income Difference", P. A. Wallace and A Le Mund(ed.), Women, Minorities and Employment Discrimination, Lexington, Mass: Lexington Books, 1977.

Machina, Mark, "Choice under Uncertainty: Problems Solved and Unsolved", Journal of Economic Perspectives, 1: pp. 121~154, 1987.

Malhotra, A., Gosain, S., and El Sawy, O.A., "Absorptive capacity configurations in supply chains: Gearing for partner-enabled market knowledge creation",MIS Quarterly, 29(1), pp. 145~187, 2005. 3.

Malone, T. W., J. Yates, and R.I. Benjamin, Electronic Markets and Electronic Hierarchy, Communications of the ACM 30(6), pp. 484~497, 1987.

Margolis, Howard, Selfishness, Altruism and Rationality: A Theory of Social Choice, Cambridge: Cambridge University Press, 1982.

Mas-Colell, Andreu, Michael D. Whiston, and Jerry R. Green, Microeconomic Theory, Harvard University Press, 1995.

Mayer, R. C., Davis, J. H., and Schoorman, F. D., "An integrative model of organizational trust", Academy of Management Review, 20(3), pp. 709~734.

Milgrom, P. and Roberts, J., The Economics of Modern Manufacturing: Technology, Strategy, and Organization, The American Economic Review 80(3), pp. 511~528, 1990.

_____, Economics, Organization and Management, Prentice Hall, 1992.

Miller, D., and P.H. Friesen, Porter's(1980) Generic Strategies: An Empirical Examination with American Data, Organization Studies 7, pp. 37~55, 1986.

_____, Relating Porter's Business Strategies to Environment and Structure: Analysis and Performance Implications, Academy of Management Journal 31, pp. 280~308, 1988.

_____, The Structural and Environmental Correlates of Business Strategy, Strategic Management Journal 8, pp. 55~76, 1987.

Mokyr, Joel, The Lever of Riches, Oxford University Press, 1990.

Moore, J. F., "Predators and Prey: A New Ecology of Competition", Harvard Business Review, 71(3): pp. 75~83, 1993.

Moulin, H., Axioms of Cooperative Game Theory, New York: Cambridge University Press, 1988.

Mukhopadhyay, T., Kekre, S., and Kalathur, S. "Business Value of Information Technology: A Study of Electronic Data Interchange", MIS Quarterly(19:2), pp. 137~156, 1995.

Myhr, N. and Spekman, R. E., "Collaborative supply chain partnership built upontrust and electronically-mediated exchange", Journal of Business & Industrial Marketing, 20(4/5), pp. 179~186.

Nonaka, I, "A Dynamic Theory of Organizational Knowledge Creation", Organization Science(5), pp. 14~37, 1994.

Nonaka, I, and H. Takeuchi, The Knowledge-creating Company: How Japanese Companies Create the Dynamics of Innovation, New York, NY: Oxford University Press, 1995.

Nooteboom, B., "Institutions and Forms of Co-ordination in Innovation Systems", Organization Studies, 21(5), pp. 915~939, 2000.

Nooteboom, Bart, "Institutions and Forms of Co-ordination in Innovation Systems", Organization Studies(Walter de Gruyter GmbH & Co. KG), 21(5), pp. 915~939, 2000.

North, D. C, and Robert Paul Thomas, The Rise of the Western World, Cambridge University Press, 1973.

_____, Institutions,_ Institutional Change and Economic Performance, Cambridge University Press, 1990.

Oliver, C., "The Collective Strategy Framework: An Application to Competing Predictions of Isomorphism", Administrative Science Quarterly, 33(4. 12), pp. 543~561, 1988.

Olson, Mancur, The Logic of Collective Action, Harvard University Press, 1964.

Owen, G., Game Theory, 2nd(ed.), New York: Academic Press, 1982.

Oye, K. A.(ed.), Cooperation under anarchy. Princeton, NJ: Princeton University Press, 1986.

Parkhe, A., "Strategic Alliance Structuring: A Game Theoretic and Transaction Cost Examination of Interfirm Cooperation", Academy of Management Journal, 36(4. 8), pp. 794~829, 1993.

Peña, Nieves Arranz and de Arroyabe, Juan Carlos Fernández, Business Cooperation-From Theory to Practice, Palgrave Macmillan, 2002.

Pfeffer, J. and G. R. Salancik, The External Control of Organizations: A Resource Dependence Perspective, New York: Harper & Row, 1978.

Porter, M.E., Competitive Strategy. New York, NY: The Free Press, 1980.

Porter, Michael E., Competitive Advantage, Free Press, 1985.

Ragatz, G. L., R. B. Handfield, and K. J. Petersen, "Benefits Associated with Supplier Integration into New Product Development under Conditions of Technology Uncertainty", Journal of Business Research, 55(5), pp. 389~400, 2002.

Ragatz, G. L., R. B. Handfield, and T. V. Scannell, "Success Factors for Integrating Suppliers into New Product Development", Journal of Product Innovation Management, 14(5. 3), pp. 190~202, 1997.

Reed, F. M. and K. Walsh, "Enhancing Technological Capability through Supplier Development: A Study of the U. K. Aerospace Industry", IEEE Transactions on Engineering Management 49(3), pp. 231~242, 2002.

Rigby, D. and C. Zook, "Open-Market Innovation", Harvard Business Review, 80(10. 10), pp. 80~89, 2002.

Rogers, E. W., "A Theoretical Look at Firm Performance in High-tech Organizations: What Does Existing Theory Tell Us?" Journal of High Technology Management Research, 12(1. 1), pp. 39~61, 2001.

Rothwell, R., "Successful Industrial Innovation: Critical Success Factors for the 1990s", R&D Management, 22(3), pp. 221~239, 1992.

Rothwell, R., "Towards the Fifth-generation Innovation Process", International Marketing Review, 11(1), pp. 7~31, 1994.

Rowley, T., D. Behrens, and D. Krackhardt, "Redundant Governance Structures: An Analysis of Structural and Relational Embeddedness in the Steel and Semiconductor Industries", Strategic Management Journal, 21: pp. 369~386, 2000.

Roy, S., K. Sivakumar, and I. F. Wilkinson, "Innovation Generation in Supply Chain Relationships: A Conceptual Model and Research Propositions", Journal of the Academy of Marketing Science, 32(1), pp. 61~79, 2004.

Russell, Bertrand, A History of Western Philosophy, A Touchstone Book, 1945.

Sabel, C. F., "Studied trust: Building new forms of cooperation in a volatile economy", Industrial Relations, 46(9), pp. 1133~1170.

Sako, M., "Does trust improve business performance?" Trust within and between Organizations, ed. Lane, C. and Bachmann, R., Oxford University Press, New York, pp. 88~117, 1998.

Sako, M., The role of "trust" in Japanese buyer-supplier relationships. Ricerche Economiche, XLV: pp. 449~474, 1991.

Schofield, Norman, "Anarchy, Altruism and Cooperation: A Review", Social Choice and Welfare, 2: pp. 207~219, 1985.

Schumpeter, J., History of Economic Analysis, Oxford University Press, 1954.

Shubik, M., Game Theory in the Social Sciences, Cambridge, Mass.: MIT Press, 1984.

Smitka, M. J., Competitive ties: Subcontracting in the Japanese automotive industry. New York: Columbia University Press, 1991.

Sobrero, M. and E. B. Roberts, "Strategic Management of Supplier? Manufacturer Relations in New Product Development", Research Policy, 31 (1. 1), pp. 159~182, 2002.

_____, and E. B. Roberts, "The Trade-off Between Efficiency and Learning in Interorganizational Relationships for Product Development", Management Science, 47(4. 4), pp. 493~511, 2001.

Spencer, J. W., "Firms' Knowledge-Sharing Strategies in the Global Innovation System: Empirical Evidence from the Flat Panel Display Industry", Strategic Management Journal, 24(3. 3), pp. 217~233, 2003.

Spiegel, Henry William, The Growth of Economic Thought, Duke University Press, 1983.

Taylor, Michael, Community, Anarchy and Liberty, Cambridge: Cambridge University Press, 1982.

Tether, B. S., "Who Co-operates for Innovation, and Why: An Empirical Analysis", Research Policy, 31(8. 6), pp. 947~967, 2002.

Tidd, J., J. Bessant, and K. Pavitt Managing Innovation: Integrating Technological, Market and Organizational Change(2nd ed.), Wiley: Chichester, 2001.

Tirole, Jean, The Theory of Industrial Organization, MIT Press, 1992.

Ward, P.T., J. Deborah, G. Bickford, and K. Leong, Configurations of Manufacturing Strategy, Business Strategy, Environment and Structure, Journal of Management 22(4), 597~626, 1996.

Weitzman, Martin L., The Share Economy, Harvard University Press, 1984.

Wiiliamson, O.E., Asset Specificity and Economic Organization, International Journal of Industrial Organization 3(4), pp. 365~379, 1985.

Williamson, O. E., "Calculativeness, trust, and economic organization", Journal of Law and Economics 36(1), pp. 453~486, 1993.

Williamson, O. E., Transaction cost economics: The governance of contractual relations, Journal of Law and Economics 22, pp. 3~61, 1979.

Williamson, Oliver E. and Winter, Sidney G.(ed.), The Nature of the Firm-Origins, Evolution, and Development, Oxford University Press, 1993.

Williamson, Oliver E., The Economic Institutions of Capitalism, Free press, 1985.

Zucker, L. G., "Production of Trust: Institutional Sources of Economic

Structure", In B. M. Shaw & L. L. Cummings8, Research in Organizational Behavior, Vol. 8, pp. 53~111, Greenwich, CT: JAI Press, 1986.

점점 투명해지는 세계의
새로운 비즈니스 패러다임

투명경영

돈 탭스콧 · 데이비드 티콜 지음 | 김병두 · 이진우 옮김
값 19,900원

영속하는 우량 기업을 추구하는 모든 기업의 필독서!

사업의 성공은 밀실의 은밀한 거래에 달려 있는가, 아니면 제품의 품질과 고객의 신뢰에 달려 있는가? 회계 부정을 일삼던 엔론과 월드컴, 아서앤더슨은 하루 아침에 몰락했다. 신뢰 수준이 높은 국가는 경제성장 속도가 훨씬 빠르고, 사회적 책임 투자 펀드(사회적 책임을 잘 준수하는 기업에만 투자하는 펀드)는 일반 펀드보다 훨씬 높은 수익성을 보인다. 이제 고객을 위한 진정한 가치 창출, 주주 권익 보호, 이해관계자들에 대한 신뢰 구축은 선택이 아닌 필수가 되었다. 또한 원청업체와 하청업체, 구매업체와 납품업체 간의 정보 공유는 재고관리, 생산관리, 물류비용 절감 등 경영 효율화의 기본이 되었다.

　경영 컨설턴트 돈 탭스콧과 데이비드 티콜은 1980년부터 정보 통신 시대의 새로운 힘인 투명성에 주목, 수많은 기업 및 단체와 공동 연구를 수행함으로써 투명성의 물결이 전세계에 불러일으키고 있는 변화의 양상과 기업의 대응을 심층 분석해 '지속가능한 세계에서 지속가능한 비즈니스를 펼치는' 새로운 경영 패러다임을 제시한다.

투명성의 위협을 새로운 기회로 바꾼 수많은 사례들!

타이레놀을 복용한 8명이 사망한 후 신속하게 사과하고 사태를 수습함으로써 바로 주가를 회복한 존슨앤드존슨 | 연봉을 삭감하고 8,000명을 감원하면서도 지속적이고 깊이 있는 커뮤니케이션으로 사원의 지지를 이끌어낸 애질런트 | 펜티엄 칩에 대한 악선전 때문에 수억 달러의 손실을 본 후 오랜 노력 끝에 신뢰를 회복한 인텔 | 하청업체의 열악한 노동환경으로 악명 높았으나 이제는 어느 기업보다도 노동환경 개선에 앞장서고 있는 나이키 | 패스트푸드 업계가 동물 학대로 비난받을 때 납품업체를 대상으로 동물 복지 기준을 마련하고 채식주의자용 버거를 생산한 버거킹 | 엔론 사태에 연루되어 곤욕을 치른 후 기업 지배 구조 개선을 위해 다양한 조치 방안을 도입한 시티은행 | 오픈소스 운동에 동참함으로써 기술 혁신과 경쟁력 제고를 이룬 IBM과 레그

변화이론의 최고권위자 존 코터의 기업변화 마스터플랜

기업이 원하는 변화의 리더

존 코터 지음 | 한정곤 옮김 | 값 12,900원

최우수 하버드 비즈니스 논문으로 매킨지 상 수상
아마존 인터넷서점 경영부문 3년 연속 1위

사라질 것인가, 살아남을 것인가? 모두 변화를 외쳤으나 아무
도 진정한 변화를 이루지 못했다. 왜 당신과 당신의 조직은 아
직도 20세기에 갇혀 있는가? 리더의 앞선 한 발이 기업의 운명
을 바꾼다! 기업의 경영혁신 왜 실패하는가를 시작으로 위기감
조성, 강력한 팀 구성, 비전과 전략 개발 등 변화를 성공으로
이끄는 8단계 과정을 제시한다. 이를 통해 현실에 안주하기보
다는 변화에 대처하는 것이 더 현명한 일임을 다시 한 번 강조
하고 있다.

펭귄에게 배우는 변화의 기술

빙산이 녹고있다고?

존 코터 지음 | 유영만 옮김 | 값 9,900원

세계적 변화관리 석학 존 코터 생애 최대의 역작!
당신의 조직에 시원한 변화의 바람을 불러일으킬
펭귄원정대의 가슴 벅찬 모험!

많은 CEO들이 조직에 적용해 성과를 얻었던 존 코터의 '변화관
리 8단계 모델'이 흥미진진한 스토리와 감동이 있는 경영혁신우
화로 탄생했다! 누구에게나 위기는 닥칠 수 있다. 그리고 어느 조
직이나 붕괴될 수 있다. 다만 그것을 알아채지 못하고 현재에 안
주하여 변화를 꾀하지 않는다면, 예정된 시점보다 더 빨리 무너
져버리고 말 것이다. 이 책으로 위기극복을 위한 강력한 시스템
을 얻고, 동시에 잠들어 있던 변화를 향한 강한 열망에 다시 불을
지필 수 있을 것이다.